"十二五"规划制造业产业升级

培训推荐用书

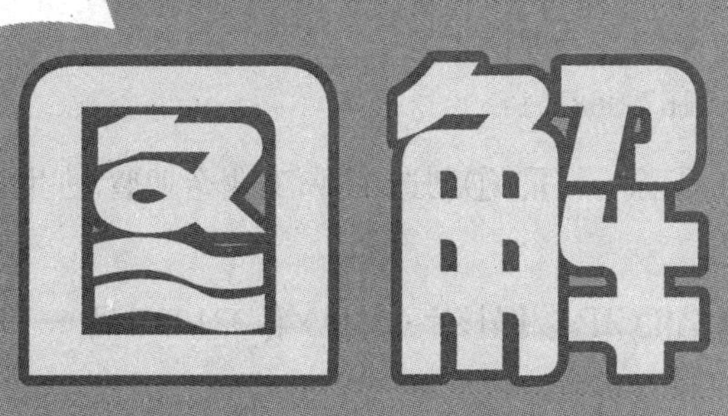

现场作业精益化管理

QA对话·学习目标·基础知识·实景解读·实战范例

徐万洪◎主编

中国劳动社会保障出版社

图书在版编目(CIP)数据

图解·现场作业精益化管理/徐万洪主编. —北京：中国劳动社会保障出版社，2014
(图解·制造业精益管理读本)
ISBN 978-7-5167-0881-1

Ⅰ. ①图… Ⅱ. ①徐… Ⅲ. ①制造工业-工业企业管理-生产管理-图解 Ⅳ. ①F407.405-64

中国版本图书馆 CIP 数据核字(2014)第 031027 号

中国劳动社会保障出版社出版发行
(北京市惠新东街 1 号 邮政编码：100029)

*

保定市中画美凯印刷有限公司印刷装订　　新华书店经销

787 毫米×1092 毫米　16 开本　14.75 印张　304 千字
2014 年 2 月第 1 版　　2021 年 5 月第 4 次印刷
定价：36.00 元

读者服务部电话：(010) 64929211/84209101/64921644
营销中心电话：(010) 64962347
出版社网址：http://www.class.com.cn

前言

实体经济是社会生产力的集中体现，是创造社会财富、保障和改善民生的物质基础。当前，国家提出要高度重视实体经济，这是经济发展的内在规律使然。我国目前正处于工业化快速增长时期，在未来很长一段时间里，实体经济仍将是我国经济发展的核心动力。

实体经济中占比重最大的就是制造业，制造业管理的好坏，直接影响着产品质量、成本、交货期等各项指标的完成。伴随着微利时代的到来和组织结构趋向扁平化，制造业的精益管理将扮演愈加重要的角色。作为管理者既要带领团队完成各项工作任务，又要有效地管理生产的进度、质量、成本和人员。如何进行制造业管理和控制，如何协同各个部门共同处理制造业管理中的各种问题，已成为中国企业管理人员必须重视和掌握的职业化技能。同时，自从全球金融危机爆发以来，大量制造业面临着产品竞争力减弱、劳动力成本大幅上升、加工贸易政策变化、客户需求萎缩等诸多问题，这使得淘汰落后产能、推动产业升级成为非常紧迫的问题。

基于此，我们策划了“图解·制造业精益管理读本”系列丛书，旨在为制造业管理人员提供一些创新管理的思路、方案、方法与技巧。本系列丛书采用模块设置，将复杂的问题简单化，使学习变得更有条理。

“图解·制造业精益管理读本”系列编写特色：

◇ 丛书内容主要分为三大部分，即“基础知识”“实景解读”和“实战范例”。“基础知识”部分对各项基础要点进行详细的阐释；“实景解读”部分以生动的实景图片对一些工作要点进行解读；“实战范例”则以企业案例列举各项制度、办法、规定等，供读者参考使用。

◇ 丛书在每章开头设计了一段“QA对话”，通过一问一答的方式引导读者进入本章内容的学习。同时在每章结尾设置了“本章回顾”板块，供读者对本章内容的学习进行反思和回顾，以巩固学习效果。

◇ 丛书在每一节的开头设置了“学习目标”，将本节内容的要点提出来，作为读者学习的方向。

◇ 丛书在“基础知识”部分设置了“专家点拨”板块，对一些非常关键的、重要的知识要点进行了强调和解读。

本系列丛书图文并茂，以简洁精确的语言对制造业管理进行了非常生动、全面地讲解，方便读者理解、掌握。同时本书非常注重实际操作性，使读者能够边学边用。

“图解·制造业精益管理读本”系列内容介绍：

◎ 图解·现场作业精益化管理，从“人、机、料、法、环、安、测”七个方面对现场管理的内容进行详细介绍。

◎ 图解·生产作业精益化管理，对生产布局、生产计划、生产进度控制、生产搬运、生产设备管理等进行详细介绍。

◎ 图解·安全作业精益化管理，对安全作业所涉及的各方面，如安全生产教育、现场作业安全、设备安全等进行详细介绍。

◎ 图解·品质作业精益化管理，对品质管理规划、品质检验作业准备、来料品质检验作业和制程品质检验作业等进行详细介绍。

◎ 图解·采购作业精益化管理，对供应商管理、采购作业管理、采购谈判管理、采购合同与订单管理等进行详细介绍。

◎ 图解·5S运作精益化管理，对5S常用方法、5S的具体操作如整理、整顿、清扫、清洁、素养等进行详细介绍。

“图解·制造业精益管理读本”系列在编写过程中，获得了很多培训机构、咨询机构以及企业一线管理人员的支持与配合，还参考了大量的网络资料，引用了相关的理论，可以说是集体创作的结晶。在此，对他们所付出的努力和工作一并表示感谢。

《图解·制造业精益管理读本》编委会

目 录

第一章　怎样进行现场人员管理

第二章　怎样进行现场设备管理

第三章　怎样进行现场物料管理

第五章 怎样进行现场环境管理

第六章　怎样进行现场安全管理

第一章

怎样进行现场人员管理

Q：我该怎样进行员工出勤管理呢？

A：员工出勤管理包括很多方面，如迟到、早退、旷工等，你要根据员工的具体情况进行处理，如员工迟到后，你要了解员工迟到的原因，然后根据公司规定进行处理。

Q：那么我又怎样开展现场员工的培训工作呢？

A：员工的培训分多种情况，如新员工培训、多能工培训、OJT培训等，你要根据员工的不同情况进行处理，如对新员工的培训要侧重在相应规则、礼仪等方面，以使其尽快适应公司的工作环境。对多能工则应侧重其各项操作技能的培训。

Q：早会是现场管理的重要内容，我该怎样做好早会的管理呢？

A：早会是生产现场安排工作任务的重要场合，你要了解早会的基本内容、召开流程以及早会的主持要领，以便按照这些要领去主持早会。

备注：Q是指Question，是一位新任职的现场主管在提问。

A是指Answer，是一位具有丰富管理经验的现场主管在回答问题，并通过回答带领新主管进入本章内容的学习。

第一节　现场人员管理基础知识

学习目标：

1. 掌握现场员工配备的方法。
2. 了解员工的出勤、轮岗、培训要点，重点掌握多能工培训与OJT培训要点。
3. 学会开好早会。
4. 掌握现场员工沟通技巧，并做好冲突管理。

知识01：员工配备管理

1．班组定岗管理

班组定岗是指班组根据生产工艺和班组职能管理的需要，做出明确的岗位设定和技能要求来确定人员编制。如果生产产品的型号变化会带来弹性用工需求的话，则要求应明确其需求变化规律。

（1）根据工艺确定生产岗位。专业研究表明，一个人能有效管理的直接人数为10人左右，所以一个班组的人数设定以5～8人为宜。根据这一特点以及生产工艺流程，来合理设置班组人数。

设置班组后，根据生产工艺确定生产岗位，根据作业内容配置相应的人数。一般来说，一个岗位配备一位作业人员，某些产品有特殊的工艺要求需要临时增加人员的，在班组人员编制上也应事先予以明确，这样才能避免用工需求的紧急性发生。

（2）按需设置职能管理岗位。一般来说，生产班组的职能管理包括计划管理、物料管理、质量管理、考勤管理、设备管理、5S管理、安全管理、成本管理、低值易耗品管理等，这些职能管理工作可以根据班组大小和工作量大小采用不同的方式进行，具体方式如下所示。

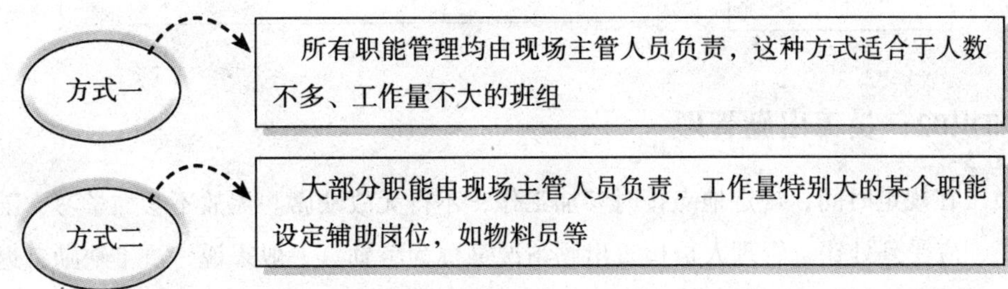

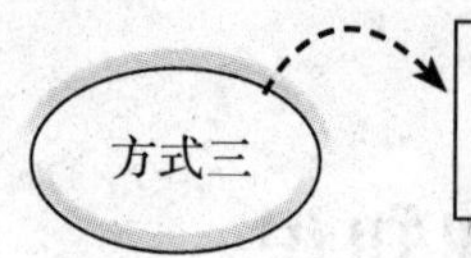

设副职与现场主管人员共同配合，分担管理职能，或同时设辅助岗位，这种方式适合于人数特别多、工作量特别大的班组

2. 班组定员管理

班组定员管理，简称定员，指班组在用人方面的数量界限，根据班组的工作目标、规模、实际需要，按精简高效的原则确定一定人数的过程。

班组定岗之后，班组的标准人数就能基本确定，如果生产产品的型号变化会带来弹性用工需求的话，班组定岗还要相应地明确其需求变化的规律。班组定员通常以班组组织表的形式体现，被批准的组织表是人员需求和作业补员的重要依据。组织表是班组人员管理的重要工具，是班组职能管理的综合体现。

运用书面化的班组组织表并及时更新、动态管理，一个阶段内的人员安排就会一目了然，这样便于现场主管人员掌握和调整班组人员。

3. 人员定岗管理

定岗，就是采取一定的程序和科学的方法，对确定的岗位进行各类人员的数量及素质配备。

员工的定岗是根据岗位要求和个人状况来决定的。根据岗位质量要求的特点，可以把员工的岗位区分为重要岗位和一般岗位；根据岗位劳动强度的大小，可以将员工的岗位区分为一般岗位和艰苦岗位；根据员工的身体状况、技能水平、工作态度，以保证质量、产量和均衡生产为目标，可按照下述要求进行定岗安排：

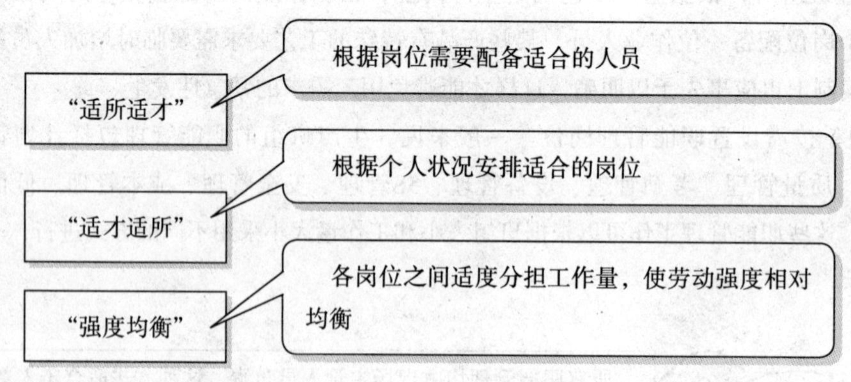

知识02：员工出勤管理

员工在规定时间、规定地点按时参加工作，不得无故缺席。无故不参加学习、工作视为旷工，应受到处罚。管理人员检查出勤情况又称为考勤。一般来说，员工缺勤有迟到、

早退、请假、旷工、离职等几种情形。

（1）对于迟到、早退等情况，现场主管人员应该向当事人了解原因，同时严格按照企业制度考勤。除非情况特殊，一般要对当事人进行必要的个别教育或公开教育，对于多次迟到、早退，且屡教不改者，应该升级处理，如开除等。

（2）员工请假需按照企业制度，提前书面请假且获得批准后才能休假。特殊情况下可以口头请假，现场主管人员需要确认缘由，并进行恰当处理，既要显示制度的严肃性，又要体现管理的人性化。

（3）出现员工旷工时，应该及时联系当事人或向熟悉当事人的同事了解情况，确认当事人是出现意外不能及时请假还是本人恶意旷工，如果是前者应该首先给予关心，必要时进行指导教育，如果是后者则应该当作旷工事故按制度严肃处理。

（4）碰到员工不辞而别的离职情形，应该及时联系当事人或向熟悉当事人的同事了解情况，尽量了解员工不辞而别的原因。

如果是工作原因或个人没想好，该做引导挽留工作的要做引导挽留，就算是员工选择了离职也要给予必要的感谢、善意的提醒，必要时诚恳地听取其对企业、班组和本人的意见或建议。

知识03：员工轮岗管理

适度的岗位轮换有助于提高员工学习的热情和欲望，激发班组成员的干劲，培养多能工和后备人员。员工轮岗安排一定要有计划、有组织地进行，要避免仅凭一腔热情的自由主义。在人员选择上，以工作态度好、安全意识高、工作质量一贯稳定、原有岗位技能熟练的老员工为宜。

一般来说，老员工到新岗位要完全掌握作业技能，快的也要2～3个月。所以，在时间安排上，老员工转岗周期最好以3～6个月为宜。

在转岗安排上，一旦决定某个员工转换岗位，现场主管人员要像对待新员工上岗一样，指导他、帮助他，明确转岗时间。一旦转岗，换岗人员要在规定的时间内固定在新岗位上，不允许随便变化。

现场主管人员要做好换岗人员新岗位的技能培训、质量考核和业绩管理工作，确保达到转岗目标。应该强调的是，为了确保岗位轮换的严肃性和计划性，现场主管人员务必要将相关安排书面化，并向相关人员或全员公开说明。

知识04：新员工培训管理

新员工是指新近录用的员工，有时也指内部转换岗位尚未熟练掌握工作的人。新员工由于初来乍到，不清楚各种作业操作流程，就会出现一些难以避免的错误行为。因此，必须对其进行培训。

1. 遵守相应规则

这方面的培训内容具体如下所示。

遵守时间规则　要告诉新员工上下班的时间，请假时要事先申请等规则

遵守服装规则　告知新员工企业服穿着要求和规定，可以用现物来说明或通过描绘成图来说明

2. 礼仪方面的培训

礼仪方面的培训内容具体如下所示。

礼节　告诉早晚时同事间见面的礼仪礼节，并指导其要大声地问好。也要告诉其对来宾的礼仪礼节等

言语措辞　培训其掌握适当的言语措辞，如对上级的言语措辞，对同事的言语措辞等

3. 具体作业的培训

具体作业的培训内容具体如下所示。

动作　在通道和生产场所不要跑动，告诉其应整齐有序地放置材料和工具

严格依据作业指导书作业　要做好工作，就要依据作业指导书来作业，使自己迅速成为能独立工作的作业者，进一步努力改善作业以谋求作业水平的提高

迅速告知　不好的、糟糕的事情，如不良品发生、机械故障、劳动灾害发生等要迅速告知上级

被命令或者指示过的事情，完成以后要在被催促之前就进行报告，并应养成习惯

4. 新员工培训考核

每次新员工培训结束后，要对其进行考核，以确认培训效果，并根据考核结果对现场员工进行有针对性的处理，如安排继续培训或者直接安排进入生产工作。

知识05：多能工培训

多能工就是能操作多种机器设备、负责多道工序的作业人员。

1. 多能工培训的原因

多能工培训是现场管理中不可缺少的一部分，其原因在于：

（1）某岗位员工缺勤或请假，如果没有人去顶替工作，就会使产量减少或造成生产停止。

（2）在品种多、数量少或按订单来安排生产的情况下，要频繁地变动流水线的编成，这要求作业人员具备多能化的技艺，以适应变换机种的需要。

（3）适应生产计划的变更。企业为适应激烈竞争的环境，往往会根据客户的某种要求而改变生产计划，这要求作业者的多技能化。

2. 多能工培训要点

（1）编制多能工培训计划表，根据多能工培训计划表，按计划先后逐一进行作业基准及作业指导书内容的教育、指导。

（2）完成初期教育指导后，进入该工程参观该作业人员操作，注意加深其对作业基准及作业顺序教育内容的理解，随后利用中休或加班时间，由班长指导进行实际作业操作。

（3）在有班长、副班长（或其他多能工）顶位时，可安排学员进入该工程与作业人员一起进行实际操作，以提高作业准确性及顺序标准化，同时掌握正确的作业方法。

（4）当学员掌握正确的作业方法，并能达到其作业基准，又具备正常作业流水线的速度（跟点作业），也就是说完全具备该工作作业能力后，可安排其进行单独作业，使其逐步熟练达到一定程度的作业稳定性并能持续一段时间（3～6日最好）。但培训中的多能工学员在正常跟点单独作业时，班长要对其进行确认。

（5）考核学员的培训效果。检查学员的作业方法是否与作业指导书的顺序方法一致，有没有不正确的作业动作，如果有要及时纠正；进行成品确认检查，成品是否满足品质、规格要求，有无作业不良造成的不良品。员工的上述检查均合格后，对该员工的工程培训就可以判定为合格。

知识06：OJT培训

OJT（On the Job Training）是指在生产现场进行的教育、培训。

1. OJT培训的理由

（1）在生产现场对作业人员最有影响力的是其上级。

（2）生产现场发生问题如果不是生产现场的管理者去处理，解决不了的事情就很多。

（3）生产现场的业绩和实绩是管理者及其部下的工作总和，所以对下属的教育、培养是管理者的重要工作。

2. OJT培训的目的

（1）促进生产现场的交流，强化生产现场的合作。

（2）提高作业者的工作热情。

（3）有效地实施生产现场的工作，就能完成生产目标。

3. OJT培训的实施步骤

（1）确定受教育者。确定受教育者首先要列举其完成生产现场的各种作业所需要的能力，这里所说的能力是指与作业有关的知识、作业的顺序、作业的要点、应该达到的品质水准和作业速度、作业后的检查要点；接着是对分配至流水线的作业者拥有能力的评价，找出其必要能力和实际能力之间的差距，确认作业者能力不足的部分。

（2）准备教材。实施作业书面化，将作业标准以文件的形式表现出来，即编制作业指导书。作业指导书起着正确指导员工从事某项作业的作用。

作业指导书要明确作业要求的5W1H如下所示。

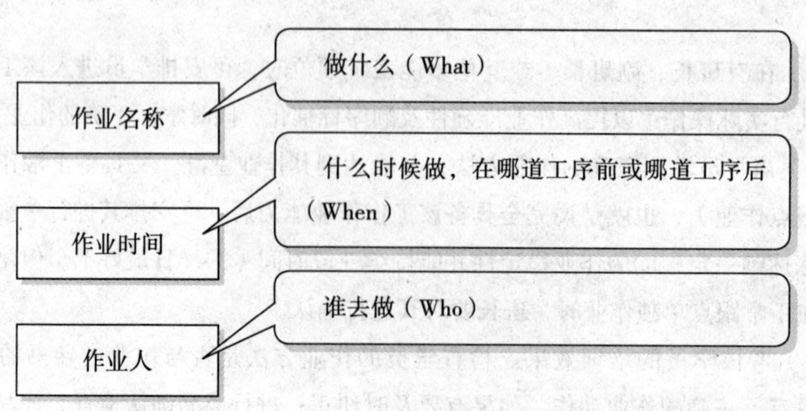

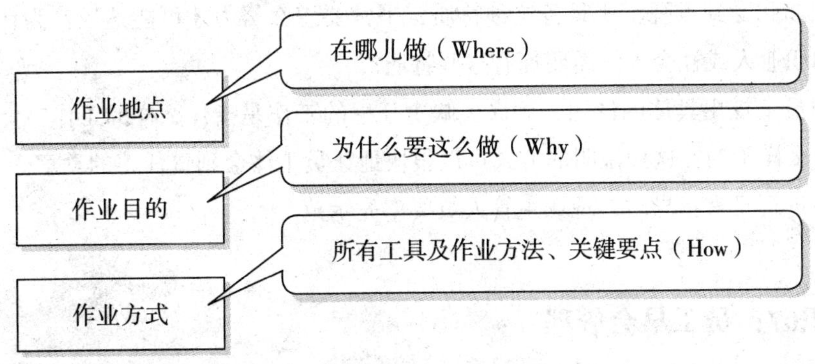

（3）进行实际作业指导。实际作业指导按以下三个步骤进行：

①对作业进行说明。着重讲解作业的5W1H。

②自己示范一遍，让员工跟着操作。示范时，对每一个主要步骤和关键之处都要进行详细说明，再针对重点进行作业指导；然后让员工试着进行操作，并让其简述主要步骤、关键点和理由，如果有不正确的地方要立即纠正；在员工真正领会以前，要反复多次进行指导。

③注意观察、进行指导，对其操作不符合要求或不规范之处要进行指导。

4．不同能力的员工OJT的要点

不同水平、能力和态度的员工应采取不同的OJT培训方法，具体如下：

（1）有能力没有意愿（干劲）的员工。对于这类员工，必须调查其失去干劲（或是提不起劲）的原因，如家庭原因、制度原因、薪酬原因、环境原因、沟通原因等，并采取适当的对策以调动其积极性。

（2）没有能力有意愿（干劲）的员工。要分析其能力低下的原因，如果其能力有提高的余地和可能，就要对其进行必要的培训和指导。如果确实无法提高，则应调整工作岗位，让其从事能力适合的工作。

（3）没有能力也没有意愿（干劲）的员工。首先要有耐心。先分配较简单的工作，使之得到成功的经验，进而对工作产生兴趣。一旦对工作产生兴趣后，再灌输工作上所必要的知识和技巧，并使其了解上司对他们的期待。经过努力之后仍不见起色的要予以淘汰。

（4）有能力又有意愿（干劲）的员工。对于这类员工要避免阻碍其干劲的发挥，充分授权，设定超过其能力的目标，让其本人也参与目标的设定，对于其微小的错误要表示宽容的态度。

（5）缺乏责任感、协调性、挑战意愿、敏感性的员工。对于这类员工的指导，有以下几个要点：

①要让员工了解，为什么这种特质或态度（指责任感、协调性、挑战意愿及敏感性）

在工作中如此受到重视？要具备这种特质，平常要怎么努力才可能达成？为什么要成为一个标准的职业人或社会人，需要拥有这些特质？

②向员工提出具体的说明，到底欠缺责任感的工作是指什么样的工作？责任感强的工作又是什么样子的？这种说明的方式可以很快地让员工体会到责任感的真意。

③在进行日常指导时，现场主管人员要率先示范。

知识07：员工早会管理

早会是班组管理的重要领地，通过早会，一方面可以传播公司的企业文化，改变员工的思想、行为与观念，培养好的习惯；另一方面可以培养现场主管人员的风范与气度，带动部门气氛及提供良好的沟通场地。

1. 早会的基本内容

企业生产现场早会要讲解的内容主要包括：

（1）企业经营动态。

（2）生产信息。

（3）质量信息。

（4）现场5S状况。

（5）安全状况。

（6）工作纪律。

（7）班组风气以及联络事项。

当然，并不是每天都需要面面俱到，而是要根据当天现场的实际情况列表以确定当天要讲的主要内容。

2. 早会的召开要领

（1）控制时间。早会的时间一般要控制在20分钟之内，在这期间有固定的项目要做，每个项目的时间通常有规定（如第一节中某企业早会流程所示）。但有些现场主管人员对工作总结、工作安排的时间把握不好，往往长篇大论，讲到最后员工都觉得乏味。

（2）把握好早会的主题。早会一定要有主题，千万不要漫无目的地聊天，而且聊的都是与工作无关、与主题无关的事情。这样不但浪费了宝贵的时间，还会使人心涣散。现场主管人员一定要清楚这次早会的主题是什么，在早会的过程中如果有人试图将话题引向其他方面，现场主管人员应立即阻止。

（3）掌握早会节奏。不管计划做得多好，还是有可能要对会议进行随机的调整。这样的情况有两种：

①某个项目（议题）提前完成。某个项目提前完成，则应立即结束已经达到目的的

早会项目，比如说，团队游戏提前1分钟做完了，就结束游戏，并不一定要拖延到3分钟才结束。

②某个项目（议题）的内容很有价值，需深入讨论。当某个项目的内容出现有价值的东西时，也可以对原有计划做适当的“有计划的拖延”，以使早会取得更好的效果。

专家点拨：

召开早会是为了提前做好工作安排，使现场作业人员了解当天的生产任务，如果时间过长，或者过于啰唆，很容易引起他人的反感，甚至会影响工作热情。

知识08：员工交接班管理

交接班是指在多班制操作设备的情况下，不论作业人员、班（组）长、值班维护工或维修组长，都应该在交接班时办理交接手续。现场主管人员须严格执行岗位交接班制度，做好岗位工作衔接，确保安全、文明、均衡地生产。

1．交班要求

（1）交班前工艺要求：交班前1小时内不得任意改变负荷和工艺条件，生产要稳定，工艺指标要控制在规定范围内，生产中的异常情况要消除。

（2）交班时对设备的要求：运行正常，无损坏，无反常状况，液（油）位正常、清洁无尘。

（3）交班时对原始记录的要求：干净整洁，无扯皮，无涂改，项目齐全，指标准确；巡回检查有记录；生产概况、设备仪表使用情况、事故和异常状况都要记录在记事本（或记事栏）上。

（4）交班的其他要求：上一班为下一班储备消耗物品，工器具齐全，工作场地卫生清洁等。

（5）接班者到岗后，交班者要详细介绍本班生产情况；解释记事栏中记录的主要事情；回答接班者提出的一切问题。

（6）交班时的“三不交”：接班者未到不交班、接班者没有签字不交班、事故没有处理完不交班。

（7）交班时的“二不离开”：班后会不开不离开车间，事故分析会未开完不离开生产车间。

2．接班要求

（1）到岗时间：接班人应提前30分钟到岗。

（2）到岗检查项目：生产、工艺指标、设备记录、消耗物品、工器具和卫生等情况。

（3）接班要求：经进一步检查，没有发现问题；及时交接班并在操作记录上进行签字。

（4）接班责任：岗位一切情况均由接班者负责；将上班最后一小时的数据填入操作记录中；将工艺条件保持在最佳状态。

（5）接班时的“三不接”：岗位检查不合格不接班；事故没有处理完不接班；交班者不在不接班。

知识09：员工工作氛围管理

事实证明，良好的工作氛围可以使员工感到团体温馨，让员工工作愉悦，这样，他们的干劲就会增强，就会自觉而积极地工作，发挥出更大的效能，为企业创造更多的效益。

1. 不健康氛围的表现

现场主管人员必须塑造健康的工作氛围。以下介绍不健康工作氛围的表现，请现场主管人员和自己工作场所的现状进行对照，作为发现问题的线索。

（1）员工经常为一些鸡毛蒜皮的小事争吵。

（2）员工不能感到相互合作的态度。

（3）员工在会议上不提出意见，即使提也多是消极悲观的意见。

（4）即使听到现场主管人员的指示，也不按指示执行。

（5）流言散播迅速，背后说人闲话的多。

（6）失败一次，就一再被作为例子提出。

（7）员工仅做被指示的事，不愿做指示以外的事。

（8）员工不能说出想说的话。

（9）员工报告不够，很少找现场主管人员提供意见。

2. 良好人际氛围的表现

良好的人际氛围是自由、真诚和平等的工作氛围，是在员工对自身工作满意的基础上，与同事、现场主管人员之间关系相处融洽，互相认可，有集体认同感，充分发挥团队合作精神，共同达成工作目标，在工作中共同实现人生价值的氛围。在这种氛围里，每个员工在得到他人承认的同时，都能积极贡献自己的力量，在工作中能够随时灵活方便地调整工作方式，使之具有更高的效率。

3. 创造良好人际氛围的方法

创造良好人际氛围有多种方法，具体如下所示：

明确分工	班组岗位之间的合作是否顺利是工作氛围好坏与否的一个重要标志，明确的分工才能有良好的合作。各岗位应职责明确
宣传企业文化	从企业文化着手，提高员工工作激情，营造相互帮助、相互理解、相互激励、相互关心的工作氛围，从而形成一个共同的工作价值观，进而产生合力，达成组织目标
做好内部沟通	真诚、平等的内部沟通是创造和谐工作氛围的基础。班组内部绝对不允许有官僚作风的存在，职务只代表分工不同，只是对事的权责划分，应该鼓励不同资历、级别的员工之间的互相信任、互相帮助和互相尊重
做好团队建设	班组内应该有良好的学习风气，现场主管人员要鼓励和带领团队成员加强学习先进的技术和经验，在进行工作总结的时候应该同时进行广泛而有针对性的沟通和交流，共同分享经验，不断总结教训

知识10：员工激励管理

激励就是激发员工的工作动力，也就是说用各种有效的方法去调动员工的积极性和创造性，使员工努力去完成班组的任务，实现班组的目标。有效激励是指为达到预期效果，有效提升员工队伍凝聚力、向心力和整体战斗力的激励行为。

1．目标激励

目标激励就是把大、中、小和远、中、近的目标相结合，使员工在工作中时刻把自己的行为与这些目标紧紧联系。

目标激励包括设置、实施和检查目标三个阶段。在制定目标时，要根据班组的实际业务情况来制定可行的目标。一个振奋人心、切实可行的目标，可以起到鼓舞士气、激励员工的作用。相反，那些可望而不可即或既不可望又不可即的目标，会产生适得其反的作用。现场主管人员可以对班组或个人制定并下达切合年度、半年、季度、月、日的业务目标任务，并定期检查，使其朝着各自的目标去努力、拼搏。

2．数据激励

数据激励就是运用数据显示成绩，能更有可比性和说服力地激励员工的进取心。对能够定量显示的各种指标，要进行定量考核，并公布考核结果，这样可以使员工明确差距，有紧迫感，迎头赶上。

现场主管人员可以在每日、每周、每月、每季、每半年的考核期中、结束后，或者业务竞赛活动进行当中、结束后，公布团队或个人业绩进展情况，并让绩优者畅谈体会，分享心得，以鼓舞全体员工的士气。

3．领导行为激励

用现场主管人员在某些方面的有意行为来激发下级的激励方法就是领导行为激励法。一个成功的主管之所以成功，其关键在于主管99%的行为魅力以及1%的权利行使。员工能心悦诚服地为他努力工作，不是因为他手中有权，权是不能说服人的，即使服了，也只是口服心不服。绝大多数原因是主管有着好的领导行为。好的领导行为能给员工带来信心和力量，激励员工，使其心甘情愿地、义无反顾地向着目标前进。

4．奖励激励

奖励就是对人们的某种行为给予肯定和奖赏，使这种行为得以巩固和发展。奖励分为物质和精神奖励。

（1）人在无奖励状态下，只能发挥自身能力的10%～30%。

（2）在物质奖励状态下，能发挥自身能力的50%～80%。

（3）在适当精神奖励的状态下，能发挥自身能力的80%～100%，甚至超过100%。

5．典型激励

典型激励指树立团队中的典型人物和事例，经常表彰各方面的好人好事，营造典型示范效应，使全体员工向榜样看齐，让其明白应提倡或反对什么思想、行为，鼓励员工学先进、帮后进、积极进取、团结向上。

6．关怀激励

关怀激励法就是对员工进行关怀、爱护来激发其积极性、创造性的激励方法。关怀激励的措施具体如下：

（1）能教导员工的工作。不仅教导员工怎样处理事务，更能帮助员工早日完成工作。

（2）能告诉员工有关企业的情形。现场主管人员会教导员工怎样待人处世。

（3）能给予员工好好工作的机会。

（4）能指点员工有关工作的做法与工作态度。

（5）能面对面地商谈，并能直接帮助员工。

（6）能经常招呼员工。随时注意员工的健康，并悉心关照。

（7）能注意员工进步的情况。

（8）在员工日常生活方面能适当提出意见。

7．支持激励

现场主管人员要善于支持员工的创造性建议，充分挖掘员工的聪明才智，使大家都想事，都做事，都创新，都创造。支持激励包括：

（1）尊重员工的人格、尊严、创造精神，激发下级的积极性和创造性。

（2）信任员工，放手让员工大胆工作。

（3）当员工工作遇到困难时，主动为员工排忧解难，增强员工的安全感和信任感。

（4）当工作中出现差错时，要承担自己应该承担的责任。

当现场主管人员向上级夸赞员工的成绩与为人时，员工是会心存感激的，这样便满足了员工渴望被认可的心理，其干劲会更足。支持激励既是用人的高招，也是激励员工的办法之一。

知识11：员工沟通管理

1. 沟通的作用

（1）迅速解决问题。现场生产中各种问题总是层出不穷，必须不停地去面对它。班组内面临的问题，必须由全体成员一起来解决，但是如果信息交流不畅，双方之间就无法达成共识，也无法解决问题。

（2）提高凝聚力。一个团队中的任意两个成员，起初都是从陌生到认识，从并不相互信任、相互理解到逐步相互信任、相互理解。只有通过长时间的沟通交流，才能够开始信任、理解，提升班组的凝聚力。

（3）提升效率。班组中每一个成员的分工不同，他们之间只有通过沟通协调，才知道每个人的分工及个人要做的工作，这样才可以各自调整自己的工作计划和行为，迅速解决生产中所面临的问题。

2. 沟通的常用方法

让生产现场充满生气，这样，员工才能集中精力做好自己手中的工作，力保产品的品质达标或提升。所以，现场主管人员有必要让班组的现场充满生气。

（1）以身作则。在生产现场，现场主管人员应该以身作则，在理解企业品质方针和自身职位的基础上，严格遵守产品操作规程，并以强烈的责任心认真工作，从而用自己的行为带动员工。

（2）公平评价并反馈。现场主管人员应对员工所做的事情进行公平的评价，并将评价结果传达给当事人。评价员工工作时，做得好就表扬，做得不足时就说："再进一步就好。"多说激励员工的话。

（3）让员工独立思考。现场主管人员不是什么事情都要发指示去管理，而应让员工根据自己的能力独立去思考，让员工进行自主判定、自己发挥，只要能够很好地将操作的差异控制在企业所要求的可接受范围之内即可。

（4）不发怨言。在生产现场有时会遇到想发牢骚的情况，以现场主管人员为首的成员要营造不说怨言的氛围。

（5）化解员工的抵触。现场主管人员在班组人员管理中经常会遇到员工的抵触，如在推行一项新的管理措施、试行新的作业方法、进行工作轮换等。现场主管人员要及时与员工沟通，化解其抵触情绪。

（6）关注员工情绪。当员工来到工作岗位时，情绪是积极的、稳定的，就会很快进入工作角色，工作积极主动。反之则工作消极被动，工作质量差，效率低，安全事故多。因此现场主管人员要关注员工的情绪，发现其情绪不稳定时要及时沟通，进行调整。

现场主管人员不妨根据以下几个要点来察觉员工的情绪：

（1）脸色、眼睛的状态（闪烁着光辉、灼灼逼人等）。

（2）说话的方式（声音的腔调，是否有精神、速度等）。

（3）谈话的内容（话题的明快，推测或措辞）。

（4）走路的方式，整个身体给人的印象（神采奕奕或无精打采等）。

知识12：员工冲突管理

冲突是指由于人们的立场观点、思想感情、理想愿望及利益等的不同而产生的矛盾斗争，表现为以争吵、摩擦和对立为特色的持久的不和。

1. 化解冲突的原则

化解冲突指具体说明处理冲突的态度、做法，以缓解班组内部的工作气氛，疏通关系，创造良好的工作环境。具体操作如下：

（1）分析发生冲突的原因，找出主要责任方。

（2）请与本事无关的第三人从中调停，搭好桥梁。

（3）针对不同情况，酌情处理冲突。

（4）在合适的情况下，适时表达自己化解冲突的良好愿望。

（5）冲突一旦停止，不再追究，不再扩散。

2. 化解冲突实施要点

（1）如果冲突的主要责任在自己，应勇于向员工承认错误；如果责任在员工一方，应根据不同情况做出轻重不同的处理。

（2）不是原则性问题，可主动将责任揽在自己身上，给员工一个台阶，以留住人才。

（3）可请第三者化解。不过，现场主管人员在请人化解时，要注意带去自己的歉意，在不损害自己威信的情况下，尽量实现双方的沟通。

（4）发生冲突后，不要急着分辨对错，可将冲突暂时搁置，待冷却一段时间后再作处理。

（5）现场主管人员作为上司，应对员工适度忍让，不要小肚鸡肠，斤斤计较。

知识13：员工心理健康管理

心理健康是指具有较好的自控能力，且能保持心理平衡，能自尊、自爱、自信。

1. 心理健康的标准

心理学家将心理健康的标准描述为以下几点：

（1）有适度的安全感，有自尊心，对自我的成就有价值感。

（2）进行适度的自我批评，不过分夸耀自己，也不过分苛责自己。

（3）在日常生活中，具有适度的主动性，不为环境所左右。

（4）理智、现实、客观，与现实有良好的接触，能容忍生活中挫折的打击，无过度的幻想。

（5）适度地接受个人的需要，并具有满足此种需要的能力。

（6）有自知之明，了解自己的动机和目的，能对自己的能力作客观的估计。

（7）能保持人格的完整与和谐，个人的价值观能适应社会的标准，对自己的工作能集中注意力。

（8）有切合实际的生活目标。

（9）具有从经验中学习的能力，能适应环境的需要改变自己。

（10）有良好的人际关系，有爱人的能力和被爱的能力。在不违背社会标准的前提下，能保持自己的个性，既不过分阿谀，也不过分寻求社会赞许，有个人独立的意见，有判断是非的标准。

2. 心理不健康的表现

员工心理不健康的表现具体如下所示。

表现	说明
忧郁	由于种种原因，员工会出现闷闷不乐，愁眉苦脸，沉默寡言的现象。如果长时期地处于这种状态，就应当予以充分重视
狭隘	表现为斤斤计较，心胸太狭窄，不能容人也不理解别人。对小事也耿耿于怀，爱钻牛角尖
嫉妒	当别人比自己好时，表现出不自然、不舒服甚至怀有敌意，更有甚者竟用打击、中伤手段来发泄内心的嫉妒

惊恐	对环境和事物有恐怖感，如怕针、怕暗、怕鬼怪。轻者心跳厉害、手发抖，重者睡不着觉、失眠、梦中惊叫等
残暴	有点小事自己不快，便向别人发泄，摔摔打打、骂骂咧咧，有的则以戏弄别人为开心，对别人冷嘲热讽，没有仁爱之心
敏感	即神经过敏、多疑，常常把别人无意中的话，不相干的动作当作对自己的轻视或嘲笑，为此而喜怒无常，情绪变化很大
自卑	对自己缺乏信心，以为在各方面都不如人，无论在工作上，还是在生活中，总把自己看得比别人低一等，抬不起头来。自卑感严重影响自己的情绪，缺乏情趣，压抑感太强

3. 促进员工心理健康的方法

（1）心理调节。心理调节是通过调节控制生活中矛盾和事件所引起的心理反应，使之推迟发作或发作适可而止。在工作中，员工总会遇到令人烦恼、愤恨甚至悲伤的事情，因此产生不良情绪，最终导致身心疾病的发生，此时现场主管人员要协助员工调节与控制自己的情绪，保持身心健康。

（2）工作压力舒缓。工作压力影响着企业员工的生理、心理、行为，在此基础上，更进一步对企业绩效、运行等产生影响，过重的工作压力则会对员工的身心健康和企业运行绩效造成很大伤害。企业员工工作压力管理，有利于预防工作压力对员工造成的毁灭性伤害，有效地维护和保持企业的人力资源；有利于提高员工工作效率，进而提高整个组织的绩效、利润；有利于企业充分体现以人为本的理念，构建良好的企业文化。

（3）心理辅导。每个员工都难免有心情不好的时候，当现场主管人员发现员工处于心情不好的状态时，应对其进行心理辅导，帮其找出导致心情不好的原因，以着手解决。

知识14：员工职业健康管理

企业生产现场主管人员在日常的生产作业过程中，必须做好职业健康管理，这是预防各种职业病产生的重要措施。

1. 职业病的特征

职业病有以下特征：

（1）职业病的起因是由于作业人员在职业性活动过程中长期受到来自化学的、物理的、生物的职业性危害因素的侵蚀，或长期受不良的作业方法、恶劣的作业条件的影响。

这些因素及影响可能直接或间接地、个别或共同地发生着作用。

（2）职业病不同于突发性事故或疾病，其病症要经过一个较长的逐渐形成期或潜伏期后才能显现，属于缓发性伤残。

（3）由于职业病多表现为体内生理器官或生理功能的损伤，因而是只见“疾病”，不见“外伤”。

（4）职业病属于不可逆性损伤，很少有痊愈的可能。除了促使患者远离致病源自然痊愈之外没有更为积极的治疗方法，因而对职业病预防问题的研究尤为重要。可以通过作业者的注意、作业环境条件的改善和作业方法的改进等管理手段降低患病率。

2. 职业病的预防措施

现场主管人员可以采用以下措施来预防职业病的产生：

措施	说明
生产工艺的革新	以无职业性危险物质产生的新工艺、新材料代替有职业性危害物质产生的工艺过程和原材料是最根本的预防措施，也是职业卫生技术在实践中加以应用的发展方向
提高生产过程的自动化程度	以机械化生产代替手工或半机械化生产，可以有效地控制有害物质对人体的危害
加强通风	加强通风是控制作业场所内污染源传播、扩散的有效手段。经常采用的通风方式有局部排风、全面通风换气
使用防护用品	在有害物质浓度很高的作业场所工作时，使用合格的个人防护用品可以减少有害物质从皮肤、消化道及呼吸道侵入人体
合理安排劳动时间	企业要对员工的生产、工作、学习和休息，根据劳逸结合的原则，合理安排，确保员工有充沛的精力参加工作
加强卫生保健	对员工实行定期健康检查，做好厂区内环境卫生工作
湿式作业	在有粉尘产生的操作中采用加水的方法，可以大大减少粉尘的飞扬，减少粉尘在作业场所空气中的悬浮时间
隔、吸声	对于噪声污染严重的作业场所，采取措施将噪声源与操作者隔离；用吸声材料将产噪设备密闭，减少产噪设备的振动等可以大大减弱噪声污染

知识15：员工处分管理

1．员工处分的程序

员工一旦违反现场工作纪律，现场主管人员有权根据企业相关规章制度对员工进行处分。处分的程序如下所示。

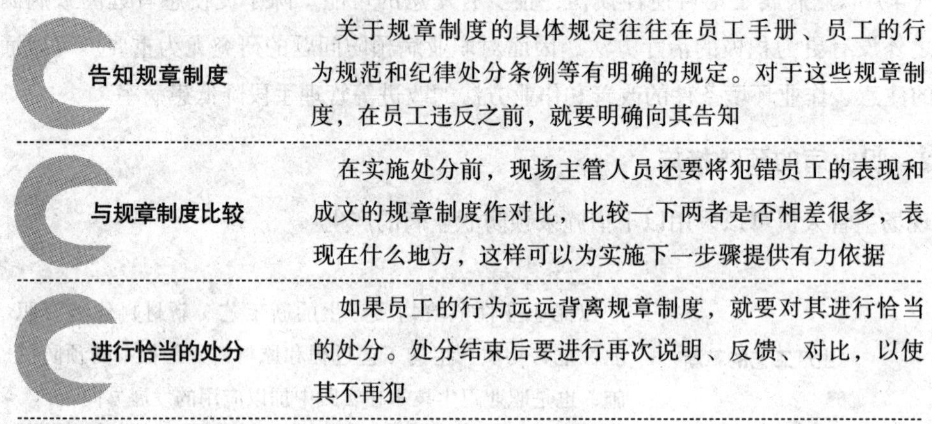

2．员工处分注意事项

在企业中，员工处分的目的在于防止和纠正员工的违纪失职行为，保证企业目标的顺利实现。员工行为失当，受到企业处分，表示其动机与行为受到挫折，因而可能会对处分产生逃避或抗拒心理。

如果员工受到处分后，工作情绪低落，工作绩效更不如以前，趋于消极等，是逃避心理的表现；如果员工受处分后，对现场主管人员表现出敌视态度，认为处分不公而提出控诉，是抗拒心理的表现。

（1）注意行为的原因和动机。员工表现出不当行为的原因与动机，有的是值得同情与可以原谅的，有的是令人非常气愤、无法容忍的，处理时应区别对待，对情有可原的应从轻处分，对恶劣成性的，应从重处分。

（2）注意行为的目的。有的员工虽表现出不当行为，但其行为的目的，有的是可嘉的（如以粗话来纠正员工的缺点），有的是不容许的（如以强制手段要员工从事不法勾当）。所表现的行为虽为同等的不当，但对目的可嘉的应从轻处分，对目的不容许的从重处分。

（3）注意是否必须处分。当不当行为的原因、动机与目的均深入了解后，需注意是否必须处分。一般而言，对员工采取的处分措施，需以“如不处分则将影响优良风气”为限。因为处分对员工而言，毕竟是一种挫折，受挫折的员工，能因受到挫折而更加奋发者毕竟不多，因受挫折而产生逃避或抗拒心理的，却属常见。

（4）注意给予何种处分。一般来说，处分措施严不如宽。因为从宽的处分易使员工感到内疚，可降低逃避或抗拒心理，较易产生奋发的作用。如无充分理由而给予过严的处分，弊多而利少。

（5）注意怎样给予处分。对员工的处分方法，可以是口头的，也可以是书面的；可以是公开的，也可以是私下的。除为维护纪律对性质恶劣的处分要书面公开处理，一般宜口头或私下进行，希望受处分员工自己有所警惕，知过而改即可，不需其他员工都知道，以免增加受处分员工的挫折感。

（6）注意员工受处分的申诉。受处分的员工，如认为处分过重或认为受冤屈时，可能会向给予处分的主管或上一级主管部门提出申诉。当接受员工申诉时，在处理上必须慎重，在态度上要给予同情，在程序上不可草率，在立场上必须公正，在考虑时必须周详。

第二节　现场人员管理实景解读

学习目标：

1. 了解员工仪容仪表行为条例的常见样式，并学会自行制作。
2. 学会制作员工着装标准。
3. 学会设计员工情绪管理知识看板，加强员工情绪管理。

实景01：员工着装标准展示

生产现场应将员工着装标准展示出来，方便员工按照该标准进行着装。

本图中展出了一位标准着装的员工，以便其他员工能够直观地按照其标准进行着装

实景02：设置员工出勤打卡器

生产现场应在员工上下班处设置打卡器，督促员工准时打卡，以加强出勤管理。

通过本图所示的打卡器，由员工上下班时打卡，对员工的出勤状况进行明确记录。

实景03：员工情绪管理知识看板

设置员工情绪管理知识看板可以使员工学习怎样控制情绪，改善工作。

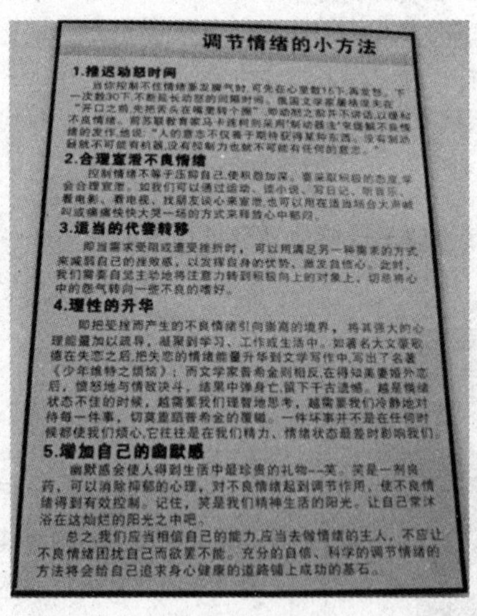

本图列举了5个调节情绪的简洁实用的小方法，如推迟动怒时间，合理宣泄不良情绪等。

实景04：员工关系管理理念宣传

要想创造和谐的工作环境，企业必须做好员工关系管理，积极宣传相关理念。

通过该宣传画可以展示企业员工管理的理念，即“真诚与尊重”，从而获得员工的好感。

实景05：员工会议管理

生产现场应定期或不定期召开相关会议，讨论工作内容，做好工作安排。

本图所示会议中，现场员工正在展开讨论，同时对讨论的情况进行简要记录。

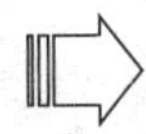

实景06：个人卫生提示

生产现场应张贴员工个人卫生提示，这是职业健康管理的重要内容。

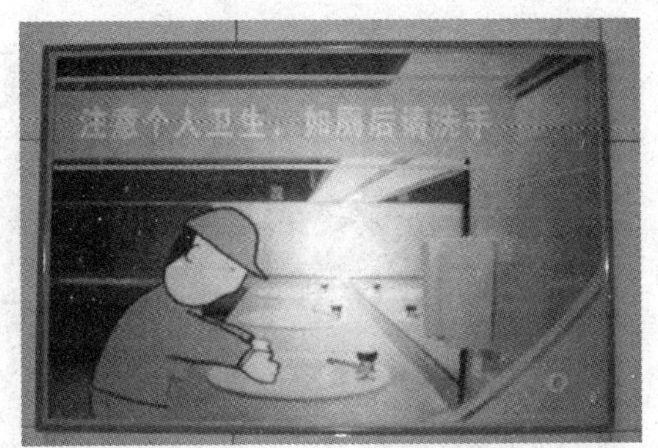

本图标语“注意个人卫生，如厕后请洗手”，提示员工养成良好的卫生习惯。

实景07：职业危害安全告知

在危险物品上张贴职业危害告知牌，使员工清楚职业危害特性。

“联氨”是一种危险化学品，本图列举了其危害及预防措施，方便现场员工注意做好防护措施。

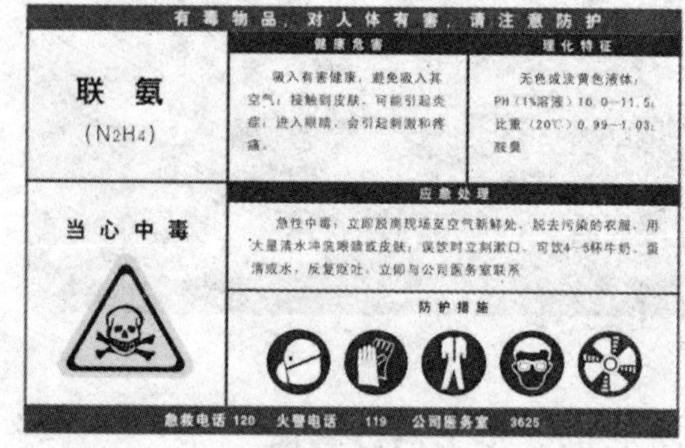

实景08：开展员工活动

企业可以积极组织一些员工活动，以提高现场员工的工作积极性。

本图所示为乒乓球室，企业可以举行乒乓球比赛来为员工舒缓压力。

实景09：班组风采展示

风采展示是塑造企业文化的重要手段，也是进行员工管理的重要措施。

本图所示为员工风采展示，通过该展示可以强化员工与企业之间的联系。

第三节　现场人员管理实战范例

学习目标：

1. 了解员工管理制度的常见类型，并学会自行制作。
2. 学会撰写员工沟通会纪要。
3. 学会撰写员工操作规范，如机床工、车床工操作规范等。
4. 掌握员工职业健康安全管理制度的制定要点。

范例01：××公司车间员工管理制度

一、编制目的

强化对车间员工的日常管理，特制定本制度。

二、适用范围

本制度适用于车间员工的管理。

三、具体内容

1. 考勤管理

（1）上班时间为上午8：00至11：30，下午12：30至17：00。

（2）上、下班时都必须打卡，如遇特殊情况，须由各部门主管或人事主管签名确认才可。

（3）打卡时，不得代人打卡或伪造出勤记录，一经发现，双方各扣罚20元；不得无序争抢，须排队依次打卡，否则扣罚10元。

（4）上班时，必须各就各位，不得聚集闲聊或做与工作无关的事情，否则扣罚10元，严重者开除处理；下班前，各小组搞好场地清洁后应返回工作岗位，不得提前到打卡处打卡下班，不准大声喧哗，否则扣罚10元，严重者开除处理。

（5）在工作期间，不得无故私自离开厂区。确有事者，须请示主管批准，打卡后才可出去，否则视为旷工，扣罚50元，严重者开除处理。

（6）加班时，不得无故缺席，确有特殊原因，须提前申请由主管签名批准交人事部确认方可，否则视为旷工，扣罚50元。个别人员加班，经该部门主管签名确认方可。

（7）每月迟到打卡上班超过30分钟者，处罚30元。不到30分钟，但连续3个月都有迟到者，作开除处理。

（8）提前下班或有事请假者，须提前书面申请，由主管签名批准交人事部确认方可，否则视为旷工扣罚50元。

（9）请假超过5天者，须由厂领导批准方可，否则即时终止劳动关系。

（10）缺勤时间，不计算工资。

（11）员工辞职须以书面申请由主管签名批准离开时间，并有人事部确认才可，否则其工资不予发放。

（12）各班组长、主管辞职须由厂领导批准，确认其离开时间并处理好其交接工作，否则工资不予发放。

2. 工作责任规定

（1）各部门员工应相互配合，相互监督，不得借故推搪而影响生产，一经查实视情节的严重性作出相应处罚。

（2）须严格要求每项工序，如因个人的疏忽而造成问题者，则重重处罚。

（3）对于厂方任何物品，应轻拿轻放，若对公物造成损坏者，处罚当事人并作出赔偿。

（4）在生产工作过程中，遇有问题无法解决，该请示主管，不得擅自处理，如造成严重后果，将会追究当事者的责任。

（5）如工作须当天完成，下班时还未完成者，该请示主管作出妥善安排，否则追究当事者的责任。

（6）厂方的任何物品，未经厂领导批准，不准私自拿出厂，一经发现，开除处理。

3. 假期薪金规定

（1）每年的1月1日、5月1日、10月1日，无论是日薪或月薪的员工都是有薪假期。

（2）春节假期为7天（年初一至年初七）。

（3）日薪的员工在春节假期间有薪日为3天（年初一至年初三），其余不算工资。

（4）月薪的员工在春节假期间有薪日为7天（年初一至年初七）。提前放假或提前回家的天数，则不计算工资。

（5）如厂方有特殊情况需放假，无论是日薪或月薪的员工都必须服从安排时间补回，不算加班。

（6）星期天放假，如加班则计算加班工资。

范例02：××公司车间员工日常管理规定

一、编制目的

为认真贯彻食品安全卫生法律、法规，完善食品安全管理，特制定本制度。

二、适用范围

本制度适用于对车间员工的日常管理。

三、具体内容

（1）车间作业人员应对地面、门窗、墙壁、房顶，每天下班后清扫一次，做到无杂物、无污染、无积水。车间内不准吸烟、乱扔杂物和吐痰。

（2）货物要保持干净，堆放整齐，使用工具按序放置，严防鼠、蚊、蝇、虫侵入。

（3）设备、小型工具的卫生应归口负责，器皿、工具每次下班前要清理干净，保持设备无污渍。

（4）进车间前，工作服、帽、鞋，必须穿戴整齐，工作服要盖住外衣，头发不得外露，并按卫生要求及时清洗双手。

（5）上班时不准浓妆艳抹、涂指甲油、喷洒香水，不准吸烟、吃食物及其他有碍食品卫生的现象发生。一经查出严格处罚。

（6）手接触脏物、进厕所、吸烟、用餐后，都必须把双手洗净后才能进行工作。

（7）作业人员手部受到轻伤，不得接触食品或原料，必要时可安排其他工作。

（8）离开生产加工场所，不准穿工作服。

（9）车间不得带入或存放个人生活用品，如衣物、食品、烟酒、药品、化妆品、手机等。

（10）进入生产加工车间的其他人员（包括参观人员）都应自觉遵守本规定。

（11）随时检查。各车间由车间主任和班组长负责，并有记录。

（12）日常检查。主要形式为抽查，由副总经理负责，并有记录。

（13）定期检查。由总经理负责组织卫生小组每月检查一次，并有记录。

（14）将本制度一并纳入责任制考核，考核标准另行发放。

范例03：××公司车间员工培训制度

一、编制目的

为了提高员工管理水平、专业技能和工作能力，促进员工个人全面发展和公司的可持续发展，特制定本制度。

二、适用范围

车间全体员工。

三、具体内容

1. 安全教育培训（由安全员负责）

（1）作业场所常见的危险因素分析及采取的安全防范措施。

（2）所从事工种的安全职责、操作技能及强制性标准。

（3）自救互救、急救方法、疏散和现场紧急情况的处理。

（4）本车间的安全生产状况及规章制度。

（5）安全教育培训考试。

2. 基础知识培训（由生产部负责）

不断实施专业和相关专业的新知识培训，使员工具备完成本职工作所必需的基本知识和迎接挑战所需的新知识。

3. 岗位技能培训（岗位辅导员/厂长负责）

不断实施在岗员工岗位职责、操作规程和专业技能的培训，使其在掌握理论的基础上，能在实践中灵活应用、发挥并不断提高岗位技能。

4. 实践培训（由厂长/主管负责）

经过对基础知识和岗位技能的学习，由各岗位辅导员负责实践操作学习，并由厂长/主管进行实践考核。

5. 培训组织与管理

（1）建立员工培训档案。将员工接受培训的具体情况和培训结果详细记录备案，包括培训时间、培训地点、培训内容、培训目的、培训效果自我评价、培训者对受训者的培训评语等。

（2）培训期间的管理。培训期间各培训方负责人及受训员工一律不得故意回避或缺席。培训结束后，员工有义务把所学知识和技能运用到日常工作中去。

6. 培训计划与实施

（1）培训计划。根据车间员工培训计划制定实施方案，实施方案包括培训的具体主办部门负责人、培训对象，确定培训的目标和内容，选择适当的培训方法，确定受训人员和培训老师，编制培训计划表，整理好培训期间的所有资料。

（2）培训成果呈报。每项培训结束后一周内，组织培训内容考试，培训负责人应将员工的成绩评定出来，连同试卷交人力资源部，以建立个人完善的培训资料。

（3）对被培训员工的评估。在培训内容结束后，车间组织员工进行简单的考试，主要涉及培训内容中一些重要的知识点。培训结束后的评估要结合受训人员的表现，做出总的鉴定。也可要求受训人员写出培训小结，总结其在思想、知识、技能、作风上的进步，与培训成绩一起放进人事档案。

（4）培训奖惩规定。被培训者成绩不合格，必须自学重修，直至成绩合格。2次以上不合格者直接辞退。

范例04：××公司生产现场早会管理办法

一、编制目的

为明确工作目标、重点以及特别注意事项，总结经验、吸取教训、改正缺点、加强早会管理，特制定本制度。

二、适用范围

1. 由车间负责人主持本车间的早会，适用于本车间全体人员。

2. 由班组长主持本班组的早会，适用于本班组全体人员。

3. 生产部的车间、班组早会，必要时上级主管或公司领导出席早会讲话。

三、具体内容

1. 早会时间

（1）部门主持早会。时间根据当次会议内容而定，但不宜超过半小时。

（2）生产线班组主持早会。每天早上07：45—08：00，控制在15分钟内，如遇部门主持早会，当日班组早会可不执行。

2. 早会场地

本部门、车间或班组办公区域或工作现场。

3. 早会内容

（1）早会主持人针对工作计划、进度、产量、效率、品质、安全、成本、交期、人员、机器设备、物料状况、现场环境、工艺技术改进及工作中应注意的重点事项作出要求和说明。

（2）对公司或部门推行的理念、政策、制度等作简要的宣导、传达和交流。

（3）重点强调各工序员工当日的计划产量、品质要求，提高员工自觉完成任务和自检能力，检讨上班所出现的问题点，需处理的问题，对某种产品的技能技巧、交期及品质要求。

（4）对员工工作中的错误行为进行批评和指正，对表现优秀的进行表扬和赞许等，激励和鼓舞员工士气。

（5）加强员工的安全意识、品质意识、效率意识、成本意识、6S意识、忧患意识等。

4. 规定和要求

（1）参加早会的人员应准时参加（除出差和请假人员外），不得无故缺席、迟到。

（2）早会人员应服装整齐、统一着厂服、挂工作牌，不得穿拖鞋或赤膊。

（3）互道早安、精神饱满、精力集中、队列整齐，必要时进行队列演练。

（4）不得有私下交头接耳、大声喧哗、起哄、吵闹、随意插话或打断主持人讲话等行为。

（5）不得随意走动、出列、接打电话、吃零食、东拉西扯。

（6）不得有使主持人难堪或不尊重主持人的行为。

（7）分别由生产部部长、车间主任、班组长主持，也可以让员工轮值的方式进行。

（8）对不遵守早会纪律者，处以5～50元罚款。

（9）互道早安。主持人说："大家早上好！"与会人员说："早上好！"大家鼓掌。

（10）点名或列队报数，迟到者需喊"报告"方可入队。

5. 早会流程

（1）每天早会07：45正式开始。

（2）列队：立正、看齐、稍息，必要时列队操练。

（3）检查员工工作服、工作牌、仪表仪容（或员工相互检查）。

（4）报告昨日工作完成情况与缺失的检讨。

（5）明确今日生产计划任务、工作目标及管理要求。

（6）批评指正缺点，表扬嘉奖优秀，鼓舞士气。

（7）员工自我表现与展示。

（8）传达公司重大决定与变革。

（9）今日特别注意事项及协调事项。

（10）欢迎其他领导讲话，大家鼓掌。

（11）主持人宣布早会结束，大家鼓掌。

6. 附则

（1）车间早会列入部门绩效考核和年度先进表彰考核项目。

（2）每次早会，必须做好书面记录，包括早会考勤、早会宣导内容、工作安排、完成情况等。

（3）由生产部负责执行，总经办、管理部负责检查监督。

范例05：××公司员工沟通会纪要

2月份，车间通过与员工交流座谈、征求意见和建议、周五例会等方式与员工进行了交流沟通，沟通内容涉及生产和生活的各个方面，具体情况如下：

（1）宿舍管理方面，员工调整班次后，因为与宿舍其他员工不在同一个班次，不利于休息，并且不便于宿舍卫生清理。针对该问题，要求今后凡是调整班次的员工，在调整后两天内调整宿舍，具体由各宿舍舍长负责控制。

（2）生产控制方面，春节期间虽然保持了安全生产，但是出现的故障和缺陷较多，运行不够稳定。为此要求对存在的设备缺陷，进行彻底处理，争取消除问题隐患。对于不能彻底处理的，各班做好统计，月底停机检修时进行处理。

为进一步降低能耗，要求各值提高浓缩出料浓度，原则上一期不低于30波美，二期不低于32波美，在此基础上各值可以根据物料结晶情况适当调整。另外引风机运行稳定后各值提高喷浆量，最少不低于6.5立方米/小时，机头温度控制在680℃以下，尽量不要超过700℃，以防止因温度过高而影响造粒机正常运行。

煤耗方面，根据沼气量大小、煤质情况合理调整煤闸板高度，防止煤层过厚燃烧不充分造成浪费。

产品质量控制方面，由于物料指标的影响，1月份和2月份的产品合格率都比较低，主要是粒度和溶解度指标不达标。物料指标好转之后要求各值在确保产量的前提下严格控制产品质量，保证合格率在90%以上。另外从3月份开始，车间评选优秀班组时将考核产品质量指标。

春节前后为减轻各班的工作量，车间对各班膨润土的添加情况未作明确要求，现在为进一步提高产品产量，同时降低成本，要求每班添加2吨，车间做好统计，根据各班的添加情况发放奖励。

（3）设备维护方面，要求出渣机地坑内的渣子每班清理干净，尤其是减速机周围的渣子，保证减速机正常运行。对引风机轴承座底脚螺钉必须加强检查，管钳各班交接使用，发现螺钉松动，应及时紧固，对于因巡视不及时导致的振动加剧问题，严肃处理责任人和责任班组。

（4）2月22日左右车间将进行停机检修，重点清理造粒机返料管和更换引风机叶轮，要求各班提前做好准备工作，尤其是检修工具和安全工器具，不能出现因工具不全而影响检修现象。另外检修期间任何人不允许请假。

（5）发现个别员工利用叉车违章载人行驶，对于该问题要求：除保管员、值长外任何人不允许驾驶叉车，否则一律按违章处理。另外利用叉车进行检修工作时必须做好安全措施：检修人员佩戴安全帽、使用安全带，驾驶员不准离开驾驶座，不准载人行走，在斜坡上工作时采取可靠的制动措施，防止叉车突然前进或后退。

（6）员工反映春节期间食堂所送的饭菜与订餐表不一致，针对该问题物业公司进行了专门的解释：由于春节期间所购买的菜品种不全，所以对饭菜种类进行了相应的调整，春节后不会再出现类似情况。

（7）春节期间在仓库账目记录方面出现了一部分问题，对此车间将下发专门的通报，对相关责任人严格按车间规定进行处理。

范例06：××公司机床工操作规范

一、编制目的

为加强对机床工操作的管理，特制定本制度。

二、适用范围

本制度适用于对机床工的管理。

三、具体内容

（1）工作前按规定穿戴好防护用品，扎好袖口，不准围围巾，严禁戴手套。女工应把头发扎在帽子里。

（2）检查设备上的防护、保险、信号装置是否齐全、灵敏、可靠。

（3）检查机器各部分润滑是否正常，油量要适当，油号要正确，油标要清楚。

（4）工具、夹具、刀具必须装夹牢固。

（5）机床开动前要观察周围情况，确认无危险后方可开车。

（6）机床开动以后，不准接触运动着的工件、刀具和转动部位。禁止隔着机床、转动部位传递或拿取工具等物品。

（7）机床开动后，要站立在安全位置，以避免运动部位及铁屑飞溅造成的危险。

（8）调整机床速度、行程，装、夹工件和刀具以及擦拭机床时，要停车进行。

（9）工作时要戴眼镜，严禁用手直接清除铁屑或用口吹，清理时必须使用专用工具或毛刷，防止伤手、伤眼。

（10）机床道路轨面、工作台上，禁止放工、夹量具或其他物品。

（11）机床运转中发现异常情况，应立即停车，通知有关人员进行检修。

（12）不准在机床运转时，离开工作岗位，因故离开必须停车，并切断电源。

（13）两人以上（含两人）在同一机床操作时，必须有一人负责指挥。

（14）使用吊车时，吊具必须牢固可靠，正确指挥。不准在吊物下操作或通行，并按起重设备安全操作规范执行。严禁使用皮带吊工件。

（15）使用电葫芦起吊工件时，必须遵守该设备安全操作规范。吊挂工件时必须垂直受力，禁止斜向起吊。

（16）工作结束时，关闭各开关，把机床各手柄扳回空位，对机床进行擦拭，清除铁屑，清扫工作场地。

（17）加工的工件要堆放整齐、牢固，不得堆放过高，防止倒下伤人。

范例07：××公司车床工操作规范

一、编制目的

为加强对车床工操作的管理，特制定本制度。

二、适用范围

本制度适用于对车床工的管理。

三、具体内容

（1）工作前先检查电机、设备、电器开关是否完好，防护罩是否牢固，卡盘、车刀、工作物、卡盘保险块、紧把是否紧固，戴好防护眼镜，严禁戴手套操作。

（2）装卸卡盘及大的工、夹具时，床面要垫木板，不准开车装卸卡盘，装卸工件后应立即取下扳手。禁止用手刹车。

（3）小刀架、床面不得放置工、量具或其他东西，找正盘用完后，立即放回安全位置。

（4）机床开动时，进刀不能过大过猛，转动小刀架时，必须退出大刀架。自动走刀时，禁止脱离操作岗位。

（5）加工细长工件，要用顶针、跟刀架，长度超出车头轴时，必须加托架，慢车加工。必要时装设防护栏杆。

（6）用锉刀必须右手在前，左手握柄。锉刀必须有木柄，禁止用砂布缠在工件上打光。

（7）车内孔时，不准用手摸孔眼内部。

（8）在切屑中不得将手伸到工作物和刀具接触处，更不能用棉纱擦拭工件和刀具。攻丝、套丝用专用工具，不准一手扶丝攻架（或板牙架），一手开车。

（9）装换刀具、工件、卡具、测量、找正、变速时，必须等机床停稳后进行。

（10）切断大料时应留有足够的余量，不得直接切断；小料切断时，不准用手接。

（11）加工偏心工件，必须加平衡铁，并要牢靠，刹车不可过猛。

（12）使用砂轮必须遵守砂轮机安全操作规范。

（13）熟悉并遵守机床工安全操作规范。

范例08：××公司刨床工（插床工）操作规范

一、编制目的

为加强对刨床工操作的管理，特制定本制度。

二、适用范围

本制度适用于对刨床工的管理。

三、具体内容

（1）开车前要检查机床前后有无人员及障碍物，检查设备保险装置、电气开关、限位装置是否灵敏有效。

（2）所加工的工件及装置夹具的高度必须低于滑枕。工件必须装牢固，压板垫铁要平稳。刀具不准伸出过长，并装牢固，工作台上不得放置工具、卡具、量具。

（3）调整行程，刀具不能接触工件，须用手摇动，经历全行程进行试验。滑枕前后不准站人。

（4）机床调整好后，应立即将摇柄取下，防止滑落砸伤。

（5）工件、毛坯、半成品应放置在离工作台或加工件的移动范围以外，工件跨出刨台外的行程范围内，必须加围栏或警示装置。

（6）刨削过程中，严禁将手或头伸到车头前检查，不得用棉纱擦拭工件或机床转运部位，自动走刀，应将摇柄取下并放到指定位置。冲头不停稳不准测量工件。

（7）清扫铁屑只允许用毛刷，禁止用口吹或用手直接擦拭床面。

（8）加工过程中不准离开机床。

（9）装卸较大工件或夹具时，应有人协助，防止滑落伤人。

范例09：××公司员工职业健康安全管理制度

一、编制目的

为了对职业危害因素进行监控与治理，有效预防职业病，合理配备劳动保护用品，保障员工的身体健康，防止各类事故的发生，减少公司运营对环境的污染，特制定本制度。

二、适用范围

公司所有在册员工职业健康安全的管理。

三、具体内容

（1）拟订工作目标指标和计划。生产部根据公司实际情况拟订切实可行的职业健康安全工作目标指标和计划，于每年初报总经理。

（2）生产部负责识别有害作业岗位。按相关法律、法规和相关要求，结合公司实际情况，确定公司的有害作业岗位，并建立从事有害作业人员清单。

（3）生产部确定有害作业人群，为有害作业人群建立健康档案，体检结果由人力资源部统一保存。

（4）生产部定期对有害作业人员进行相关培训，提高其职业健康安全意识。

（5）健康检查。按相关要求定期做职业健康检查，职业病的诊断应由省、自治区、直辖市人民政府卫生行政部门批准的具有职业病诊断资质的医疗机构承担。

①保安部每年组织员工进行职业健康体检，并做好相关记录，建立员工健康档案。员工每年按公司规定进行体检。

②新聘员工在签订劳动合同前及离岗后应进行职业健康体检。

③特种作业人员离岗前应进行健康体检。

④职业病治疗，发现职工有职业病或疑似职业病的，应及时向地方卫生行政部门报告。确诊为职业病的应向当地劳动保障部门报告。

（6）监测有害作业现场。EHS工程师负责定期监测有害作业现场，发现不符合之处及时报告管理者代表并执行《纠正/预防控制程序》。

（7）治理与完善安全设施，各相关部门对本部门与健康安全有关的设施及人员操作定期巡检，发现问题及时上报EHS工程师并根据《纠正/预防控制程序》，及时整改，保证作业条件符合法律法规要求。

（8）严格执行国家对女工、未成年人的保护法律法规，不使用童工，做好女工劳动保护、保健工作，维护女工、未成年人的合法权益。

（9）生产部负责对劳保用品的供应商进行管理，供应商应提供产品合格证明，严禁用不合格产品、三无产品，生产部对劳保用品进行批次抽检，以确保劳保用品的有效性。

根据公司安全生产的需要，由安保工程师与各部门管理人员，制定各部门不同条件下，劳动保护用品的配备标准，经部门经理和生产部经理批准方后可执行。

（10）安保工程师根据配备标准将劳动保护用品发放到各相关部门负责人，各部门负责人必须按照配备标准下发到员工，并对本部门员工按标准要求佩戴情况负责，EHS工程师负责监督执行情况。

（11）生产部负责对新增岗位防护用品的选择确认，每年对劳保用品的防护效果作评定，对外来参观人员进行防护培训，发放防护用品。

本章回顾

学习心得：

1. ______

2. ______

3. ______

4. ______

5. ______

序号	员工难处	解决方法

第二章

怎样进行现场设备管理

Q：我想请问您，怎样做好生产现场设备的日常使用管理呢？

A：要想维护好设备正常运转，最重要的就是做好日常管理。你可以采取一系列措施做好其管理工作，如规定凭证操作、制定设备操作纪律、建立岗位责任制等。

Q：那么又该怎样进行设备的保养呢？

A：设备的保养主要通过“三级保养”来实现，每一级保养所针对的情况都有所不同，因此，你要根据设备的具体情况决定怎样保养。

Q：我知道设备的点检也非常重要，那么该怎样进行设备的点检呢？

A：设备的点检最关键是要做好“六定”，即定点、定人、定期、定标、定法、定记录，只有做好了这“六定”，才能做好设备的点检工作。

备注：Q是指Question，是一位新任职的现场主管在提问。

A是指Answer，是一位具有丰富管理经验的现场主管在回答问题，并通过回答带领新主管进入本章内容的学习。

第一节　现场设备管理基础知识

学习目标：

1. 了解怎样进行现场设备的日常使用管理，掌握相关要点。
2. 掌握设备的维护要点。
3. 了解设备校准与点检的内容，并运用到实际工作中。
4. 了解设备润滑管理的要点，要注意润滑油（脂）的选用。

知识01：设备的日常使用管理

合理地使用设备，可以减轻磨损，保持良好的性能和应有的精度，从而充分发挥设备应有的生产效率。

1. 规定凭证操作

凡主要生产设备的操作者，必须凭证操作。特种设备操作者需经安技环保处复训。没有操作证一律不得擅自使用设备。

（1）操作人员在独立使用设备前，各分厂应对其进行设备结构、性能、技术规范、维护知识和安全操作规程及实际技能培训考试，经设备工具处、教育处、劳资处审查合格后发给操作证。

（2）重点设备，进口设备，精、大、稀、关键设备操作人员经培训后，还须由设备工具处会同有关部门进行考试合格后，发给操作证。

（3）确有操作多面设备能力者，经考试合格，允许操作同工种2～3台设备。多人操作的设备必须实行台机长负责制。

（4）临时操作使用设备人员，培训后经分厂领导和机械员同意，方可临时使用设备。

（5）调离本厂或工种变动而不再使用原设备人员，分厂负责收回操作证，并交设备工具处注销。

2. 制定设备操作纪律

企业要为操作人员规定用好、管好设备的“五项纪律”如下所示。

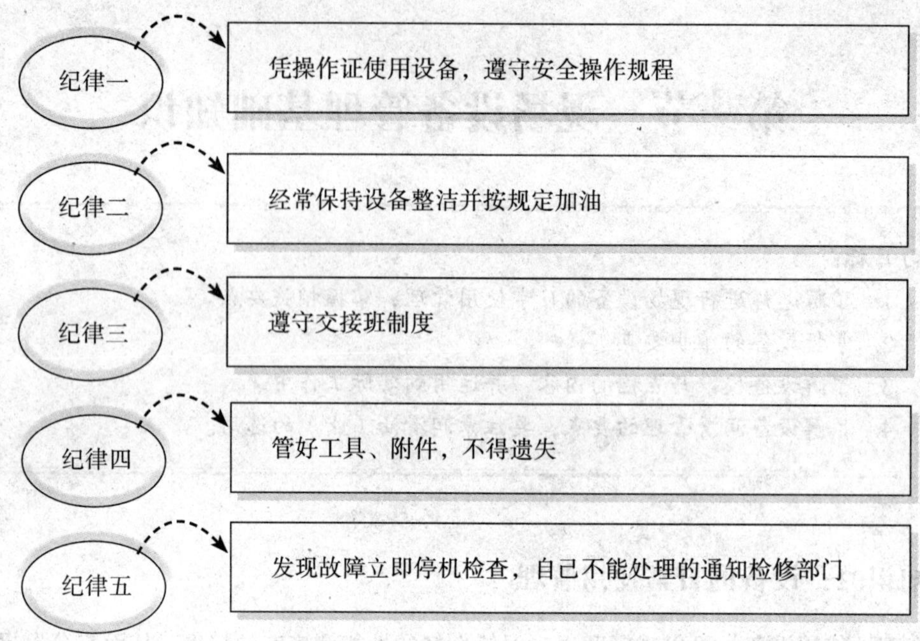

3．建立岗位责任制

按照岗位责任制的要求，对个人操作、一班作业的设备，建立专人专机制，对于三班作业和几个人共同操作的设备，建立机长负责制。在机组内，进一步划分操作岗位和职责，做到台台设备有专人管、人人有专责。

4．定期进行设备巡查

现场主管人员要定期进行设备巡查，发现设备存在的问题，及时处理。

5．张贴警示标志

通过在设备上张贴警示标志，既能提醒员工小心操作，也能避免设备被损坏。

专家点拨：

张贴警示标志是国家法律规定。《安全生产法》第二十八条规定，生产经营单位应当在有较大危险因素的生产经营场所和有关设施、设备上，设置明显的安全警示标志。

知识02：设备的维护

生产设备能否在其生命周期内良好地运转，除了合理使用外，在很大程度上还取决于设备的维护，如果维护工作做得扎实，就能减少修理的次数和工作量。

1. 设备维护重点

设备维护的主要目的是使设备经常保持整齐、清洁、润滑、安全，以保证设备的使用性能和延长修理间隔期，而不是恢复设备的精度，其重点是润滑、防腐与防泄漏，具体内容如下所示：

润滑管理	设备的润滑管理，认真执行润滑“五定”（定点、定质、定量、定期、定人），能有效减少摩擦阻力和磨损，保护金属表面，使之不锈蚀、不损伤。这是保证设备正常运转、延长使用寿命、提高设备效率和工作精度的必要措施
防泄漏	防泄漏也是维修保养工作的重要内容之一。认真治理和防止设备的跑风、冒气、滴水、漏油，是一切设备的共同要求
防腐蚀	设备的腐蚀会引起效率和使用寿命的降低，影响安全运行，甚至会造成设备事故

2. 控制设备维护成本

（1）设备维护成本的构成。设备维护成本的构成如下所示。

人工成本	（1）管理成本。主要包括各种管理费用、技术工人以及非自由的外包维护等的成本 （2）劳务成本。主要是劳务人员的成本
能源成本	（1）机器成本。各种机器、设备、仪表的消耗成本 （2）辅助物料成本。设备零部件、辅助物料、润滑油脂、清洗油等成本
维修成本	包括各种维修器具和维修人员的成本支出

（2）控制人工成本

①合理配置人员，做到因事设岗，因岗定员。

②实施“强化专业、一专多能”的培训。

③加强技术人员的培训，减少设备的外包维护。

（3）控制好能源成本

可以从以下几方面进行：

管理方法	主要通过编制计划和实施控制进行 （1）编制能源成本控制计划，包括成本预算、控制指标、控制标准、控制措施和明确控制的责任 （2）实施全员控制和全过程控制，让全员参与，并对能源的使用全过程进行控制
技术方法	（1）对各种机器设备进行实时监测，掌握其运行状况 （2）对于维护设备正常运行的各种润滑油脂等做好管理，包括其使用、储存及发放，做好其成本控制 （3）必须强调按操作规程进行设备操作，减少不必要的维修、浪费

（4）控制维修成本

①管理方法。编制维修成本控制计划。制定严格的维修工具、材料、零部件的采购、出入库、配送和使用回收等规章制度。

②技术方法。设备维护服务人员要了解设备中寿命最短的零部件，编制管理档案，并经常加以特别关注。要了解设备中最重要、最昂贵的零部件，编制管理档案和应急处理预案。还要了解设备在设计、安装、调试等方面的缺陷和不足，找出隐患并加以解决，降低设备的初始故障率，使其进入稳定运行状态。

对于设备的偶发故障，要提高对故障的检测诊断能力和修理能力，加强对材料备品的管理。对于设备的使用磨损，也需要精心进行预防保养，定期对零部件进行检测，掌握其劣化程度。同时做好清扫、加油、调整工作，减缓零部件的磨损和劣化进程，延长使用寿命，降低维修成本。

知识03：设备的“三级”保养

1. 设备的一级保养

（1）实时检查

①检查皮带是否松动。

②检查制动开关是否正常。

③检查安全防护装置是否完整。

④检查设备易松动的部件是否坚固。

⑤检查设备运作环境是否清洁，有无障碍物。

（2）润滑保养。润滑保养是一级保养的重要内容。做好设备润滑保养工作，就是把日常润滑技术管理工作规范化、制度化，以保证润滑工作的质量。设备部门应编制润滑“六定管理”规范表，具体规定哪台设备，设备的哪个部位，用什么油，加油（换油）周期，用什么加油装置，由谁负责等。

2．设备的二级保养

二级保养主要是为了清除设备使用过程中由于零部件磨损和维护保养不良所造成的局部损伤，减少设备有形磨损，为完成生产任务提供保障。其主要内容包括：

（1）清扫、检查电器箱、电动机，做到电器装置固定整齐，安全防护装置牢靠。

（2）清洗设备相关附件及冷却装置。

（3）按计划拆卸设备的局部和重点部位，并进行检查，彻底清除油污，疏通油路。

（4）清洗或更换油毡、油线、滤油器、滑导面等。

（5）检查磨损情况，调整各部件配合间隙，紧固易松动的各部位。

一般而言，设备累计运转500小时可进行一次二级保养，保养停机时间约8小时。

3．设备的三级保养

设备三级保养是设备磨损的一种补偿形式，是以维持设备技术状况为主的检修形式。三级保养的实施以维修人员为主，操作人员参加。其主要内容为：

（1）对设备进行部分解体检查和修理。

（2）对各主轴箱、变速传动箱、液压箱、冷却箱进行清洗并换油。

（3）修复或更换易损件。

（4）检查、调整、修复精度，提高校准水平。

三级保养要保证主要精度达到工艺要求，三级保养的周期视设备具体情况而定。

知识04：设备的校准

设备校准是设备使用的前提，只有设备的精度准确无误，才能在正常状态下工作，保证生产的产品符合要求。

1．设备校准的对象

需要进行校准的设备如下所示。

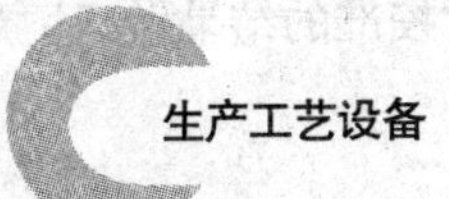

生产工艺设备

直接决定产品性能的生产工艺设备，如电烙铁温度、电批扭矩、张力仪等要校准；影响产品性能稳定的保管设备，如恒温箱、无尘车间等要校准

辅助生产设备	如空压机压力、输送带行进速度等要校准
检测设备	进行来料质量检验、制程质量检验的设备都需要校准

2．设备校准的方式

设备校准的方式有内部校准和外部校准两种，具体如下所示。

内部校准	内部校准是指企业内部具有校准资格的人员，依据《标准校准作业书》的要求，对设备进行精度校准。内部校准具有校准周期短、费用低廉等特点
外部校准	外部校准是指委托国家或行业认定的计量机构，对设备进行精度校准。外部校准具有精度高，但校准周期长、费用高等特点

3．设备校准的步骤

（1）编制校准计划。包括校准周期、校准人员、校准方式、校准频率、校准结果的处理等。

（2）制定标准校准作业规程。该作业规程应确定以下内容：

①设备实际使用频率。使用频率越高，校准周期越短。

②相应法律、行规、制造厂商的推荐校准周期。

③客户对产品精度的要求。要求越严格，校准周期越短。

（3）实施校准。

①按设备精度、校准周期、校准项目的要求实施校准。

②事先与该设备使用部门协调好时间，尽量在短时间内完成。

③为了校准而设定的各种条件，要采取各种标识，以防被人误改。

④如果用“母器”进行校准，需要在“台账”和被校准设备上标注清楚。

⑤在设备上贴“已校准”的标贴。

（4）做好校准记录。无论是外部校准还是内部校准，都应对校准的结果做好记录。

4．设备校准的注意事项

（1）对于新购入的设备，使用前最好要进行校准。

（2）校准对象与非校准对象都要进行识别管理，识别越详细，错漏机会就越少。

（3）精度偏差过大、无法校准而废弃时，设备必须做好标记，报请相关部门审批。

（4）“母器”要尽量避免在生产上频繁使用，以免本身精度发生偏差。

（5）不要将所有设备的校准周期都设定为一样，既要考虑保证精度，又要设法降低校准成本。

知识05：设备的点检

点检就是对机器设备以及场所进行的定期和不定期的检查、加油、维护等工作。

1．点检的分类

根据不同的分类，有不同的点检手法，常见的点检如下所示。

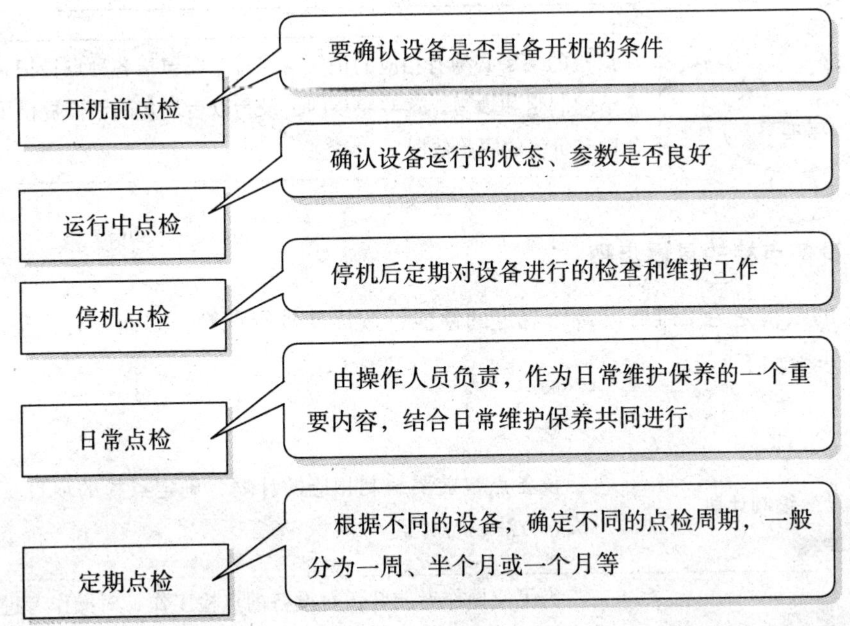

2．点检前六定

点检之前要将相关的方法、时间、负责人等确定，概括起来就是以下“六定”。

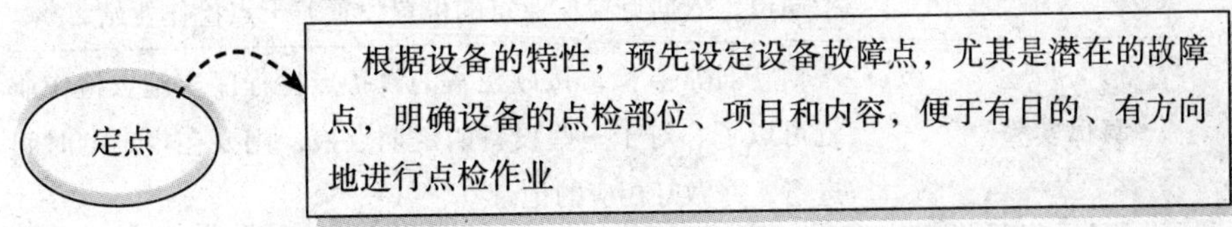

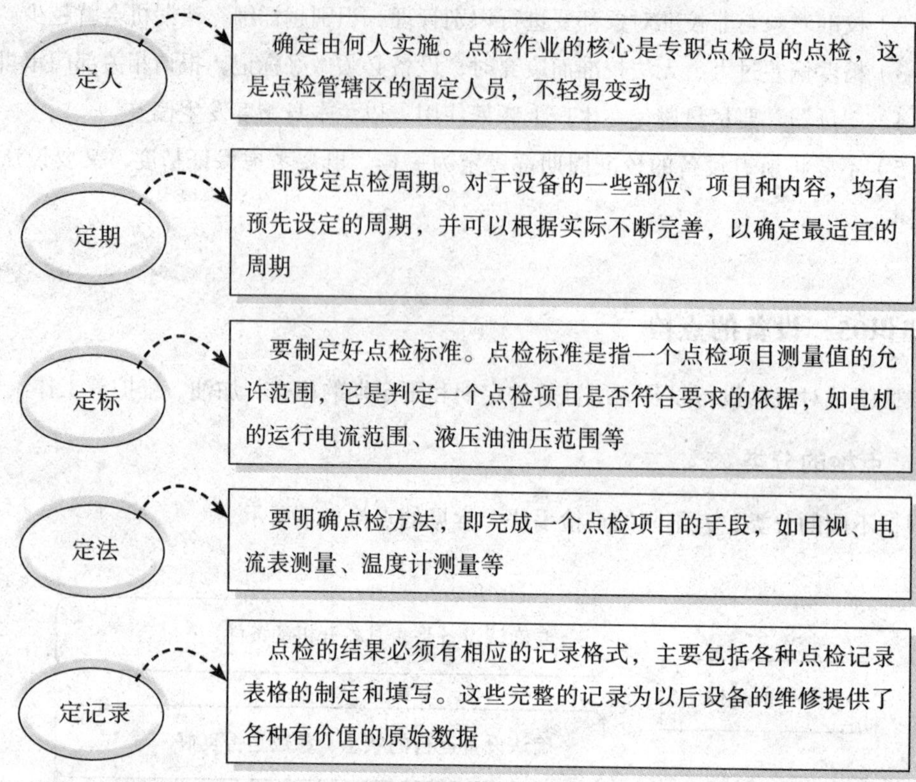

3. 设备点检的具体步骤

设备的点检是为了维持设备所规定的性能，按标准进行点检，因而要有完整的实施步骤。具体步骤如下所示。

编制计划

设备点检前要编制相应的计划，确定点检的项目、基准、方法、周期等

培训点检人员

为了使操作者能胜任对设备的点检工作，对操作者进行一定的专业技术知识和设备原理、构造、机能的培训是必要的。这项工作可由技术人员担当，并且要尽量以轻松、活泼的方式进行

设置点检通道

在设备较集中的场所应考虑设置点检通道。点检通道的设置可采取在地面画线或设置指路牌的方式，然后再沿点检通道，依据点检作业点的位置设置若干点检作业站

具体实施

对于日常点检，按照正常的设备点检程序实施点检作业就可以了。对于一些设备的定期点检，则要在规定的时间进行，并做好相应的记录

点检结果分析	点检实施后，要对所有记录（包括点检记录、设备的潜在异常记录、日常点检的信息记录等）进行整理和分析，以采取针对性的改进措施。在这些分析的基础上，采取改善措施，并提高设备的使用效率
点检中问题的解决	设备点检中发现的问题不同，解决问题的途径也不同，一般经过简单调整、修正可以解决的，由操作人员自己解决。在点检中发现的难度较大的故障隐患，由专业维修人员及时排除

知识06：设备的润滑

加强设备润滑管理能使设备润滑良好，从而减少设备磨损以及引起的故障，提高设备利用率。

1．设备润滑五定

设备润滑五定是润滑工作的重点。主要包括定点、定质、定量、定期和定人。

（1）定点。确定每台设备的润滑部位和润滑点，保持其清洁与完好无损，实施定点给油。具体包括：

①设备的润滑部位和润滑点最好进行标识。

②参与润滑工作的操作员工、保养员工必须熟悉有关设备的润滑部位和润滑点。

③润滑加油时，要按润滑点标识的部位和润滑点加换润滑油。

（2）定质。设备的润滑油品必须经检验合格，按规定的润滑油种类进行加油，润滑装置和加油器具应保持清洁。具体包括：

①必须按照润滑卡片和图表规定的润滑油种类和牌号加换润滑油。

②加换润滑油的器具必须清洁，不能被污染，以免污染设备内部润滑部位。

③加油口、加油部位必须清洁，不能有脏污，以免将污染物带入设备内部、影响润滑效果。

（3）定量。在保证良好润滑的基础上，实行日常耗油量定额和定量换油。具体包括：

①设备油量最好能够可视化，以便于清楚地知道加油量是否合适。

②日常加油点要按照加油定额数量或显示的数量限度进行加油，不能过多，也不能过少，既要做到保证润滑，又要避免浪费。

③换油时循环系统要开机运行，确认油位不再下降后补充至油位。

④做好废油回收退库工作，治理设备漏油现象，防止浪费。

（4）定期。按照规定的周期加润滑油，对储量大的油，应按规定时间抽样化验，视油质状况确定清洗换油、循环过滤和抽验周期。具体应做到：

①设备工作之前操作工人必须按润滑卡片的润滑要求检查设备润滑系统，对需要日常加油的润滑点进行注油。

②设备的加油、换油要按规定时间检查和补充，按润滑卡片的计划加油、换油。

③对于大型油池，要按规定的检验周期进行取样检验。

④对于关键设备或关键部位，要按规定的监测周期对油液取样分析。

（5）定人。按照规定，明确员工对设备日常加油、清洗换油的分工，各司其职，互相监督，并确定取样送检人。具体应做到：

①当班操作人员对设备润滑系统进行润滑点检，确认润滑系统正常后方能开机。

②当班操作人员或保养人员负责对设备的加油部位实施加油润滑，对润滑油池的油位进行检查，不足时及时补充。

③保养人员对设备油池按计划进行清洗换油；对机器轴承部位的润滑进行定期检查，及时更换润滑脂。

④维修或保养人员对整个设备润滑系统进行定期检查，对“跑”“冒”“滴”“漏”问题进行改善。

2. 设备润滑三过滤

设备润滑三过滤即润滑油入库过滤、发放过滤和加油过滤，这是为了减少油液中杂质的含量，防止尘屑等杂质随油进入设备而采取的净化措施。三过滤的具体内容如下所示。

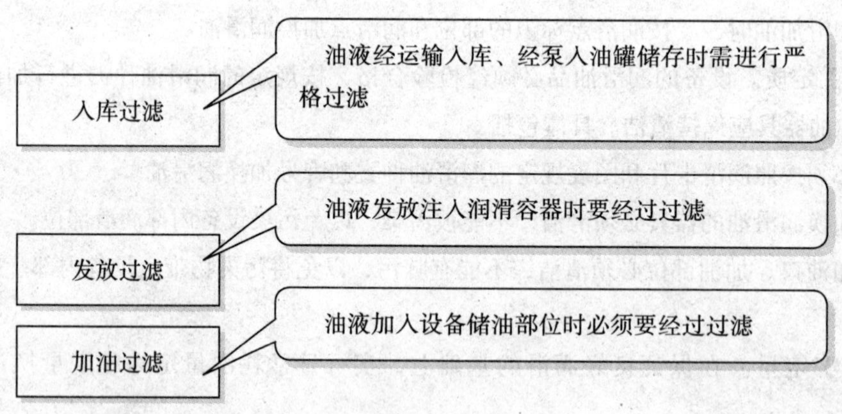

3. 设备润滑油（脂）的管理

设备的润滑主要通过润滑油（脂）来实现，因而对于润滑油的选用、储存等必须管理好。

（1）润滑油的选用。润滑油的选用应注意以下要点：

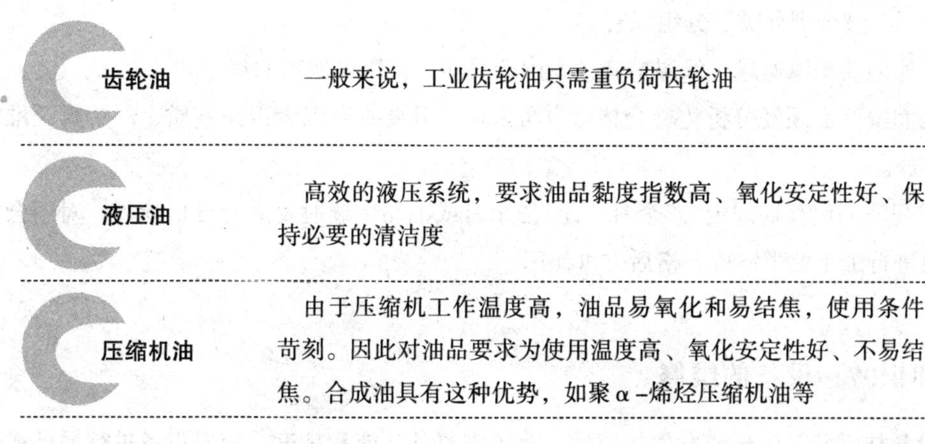

（2）润滑脂的选用。润滑脂为满足设备发展需要，不断更新换代。有使用温度不高于60℃的钙基脂、使用温度大于100℃的钠基脂、使用温度大于200℃的锂基脂等。一般情况下，工作温度低于200℃，使用复合锂基脂；工作温度高于200℃时，使用脲基脂。

（3）润滑油使用注意事项

①设备所用润滑油的规格、数量、润滑点、加油时间及加油周期等，必须严格按规定执行，并做好记录。

②使用代用油品或变质油品时，必须提前呈报机动处，在呈报时应附该润滑油的化验结果报告单。

③主要转动设备大、中修后，应在开车前两天，对油箱中润滑油进行化验，压缩机油应化验黏度、水分、机械杂质、闪点、酸质等，透平压缩机油应化验抗乳化度、水溶解度、酸值等。

④大型运转设备在连续运转半年以上时，应对润滑油进行一次化验。如有一项以上指标不合格，应立即换油。

⑤不准使用无合格证或无分析化验单的润滑油。

⑥发现跑油、漏油时要及时查出原因，立即消除，禁止漏油、跑油。

⑦除加油、换油、清洗油箱外，油箱要处于封闭状态，防止灰尘落入。

⑧主要设备换油时，应在设备员的监督下进行，并按规定填入设备档案。

⑨废油回收。坚持勤俭节约的方针，制定废油回收制度和奖惩条例，由负责部门组织各企业按品种牌号进行回收，并认真搞好废油再生工作，搞好再生油的利用。

（4）润滑油（脂）储存、保管及发放

①润滑油库储存3～6个月的用油量，库房要设置在粉尘少的地方，库房内要保持清洁、干燥、通风良好。

②库房内要设有消防装置和器材及指示标牌。

③各种储油容器要保持清洁，零部件完整，对容器内的油（脂）要注明名称、代号、

入库时间，并做到分类、分组保管。

④库内要采取通风、保温措施，库内严禁动火或用火加热油罐。

⑤润滑油必须经分析化验合格后方可入库，并要妥善保管以防变质，严禁露天堆放和到处存放。

⑥润滑油储存期规定为3个月。超过3个月或油品倒罐时要进行分析检验；对不合格的油品要进行加工处理，待合格后方可使用。

知识07：设备的维修

设备技术状态劣化或发生故障后，为了恢复其功能和精度，应对设备进行局部或整机检查、维修。

1. 设备维修原因分析

设备在使用过程中，随着零部件磨损程度的逐渐增大，设备的技术状态将逐渐劣化，以致设备的功能和精度难以满足产品质量和产量要求，甚至发生故障。造成设备需维修的原因很多，具体如下所示。

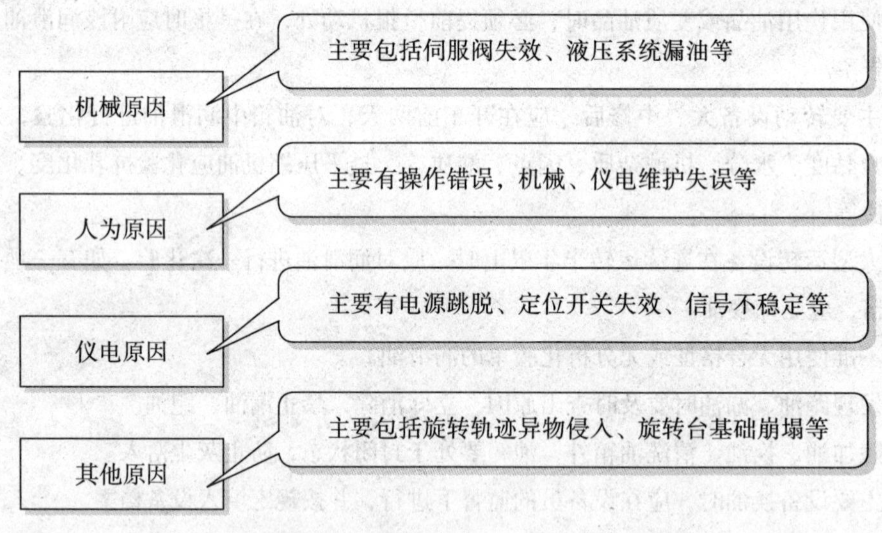

2. 设备维修方式

现代工业企业的生产方式分为单件小批量生产、自动化或半自动化流水线大批量生产、流程生产等。对不同生产方式的企业，主要生产设备的停修对企业（车间）整体生产的影响差异较大。它是选择设备维修方式时应考虑的主要因素。企业对设备可以采用不同的维修方式。

（1）预防维修。为了防止设备的功能、精度降低到规定的临界值或为降低故障率，按事先拟订的计划和技术要求所进行的修理活动，称为设备的预防维修。

（2）事后维修。事后维修也称故障维修，它是指设备发生故障或性能、精度降低到合格水平以下，因不能再使用所进行的非计划性维修。

生产设备发生故障后，往往给生产造成较大损失，也给维修工作造成困难。但对有些故障停机后再维修而不会给生产造成损失的设备，采用事后维修方式可能更经济。例如对结构简单、利用率低、维修技术不复杂和能及时获得维修用配件，且发生故障后不会影响生产任务的设备，就可以采用事后维修方式。

3．设备维修常见类别

维修类别是根据维修内容和技术要求以及工作量大小，对设备维修工作的划分。设备预备维修分为大修、项目维修和小修三类。

（1）大修。设备大修是工作量最大的计划维修。大修时，对设备的全部或大部分部件解体；修复基准件，更换或修复全部不合格的零件；修复和调整设备的电气及液、气动系统；修复设备的附件以及翻新外观等。全面消除修理前存在的缺陷，恢复设备的规定功能和精度。

（2）项目维修。项目维修是根据设备的实际情况，对状态劣化已难以达到生产工艺要求的部件进行针对性维修。项目维修时，一般要进行部分拆卸、检查、更换或修复失效的零件，必要时对基准件进行局部维修和调整精度，从而恢复所修部分的精度和性能。项目维修的工作量视实际情况而定。

项目维修具有安排灵活，针对性强，停机时间短，维修费用低，能及时配合生产需要，避免过剩维修等特点。对于大型设备、组合机床、流水线或单一关键设备，可根据日常检查、监测中发现的问题，利用生产间隙时间（节假）安排项目维修，从而保证生产正常进行。

（3）小修。设备小修是工作量最小的计划维修。对于实行状态监测维修的设备，小修的内容是针对日常点检、定期检查和状态监测诊断发现的问题，拆卸有关部件、进行检查、调整、更换或修复失效的零件，以恢复设备的正常功能。

对于实行定期维修的设备，小修的主要内容是根据掌握的磨损规律，更换或修复在维修间隔期内即将失效的零件，以保证设备的正常功能。

4．设备委托维修管理

企业由于在维修技术条件或维修能力方面不能满足生产对维修任务的要求，或者从本企业经济效益方面权衡，自行修复不如委托专业维修企业进行维修更为合算时，往往将这些维修任务委托给其他企业（主要是设备专业维修厂、专业设备制造厂）进行维修。

为保证托修任务按照合同及验收标准保质保量按期完成，以满足生产要求，托修企业应掌握如下主要原则：

（1）企业设备修造厂及各专业厂可以承修的设备维修任务，原则上应安排由企业完成，以尽可能发挥企业内部潜力。

（2）对需要进行对外委托的设备维修项目，要通过调查研究，选择取得国家有关部门资质认定证书，并持有营业执照，维修质量高，能满足进度要求，费用适中，服务信誉好的承修企业。

（3）优先考虑本地区的专业维修厂、设备制造厂。

设备的维修必须严格按照具体情况实行，尤其是有特殊专业技术要求的委托维修项目，应尽量选择专业设备制造厂，如起重设备、电梯、锅炉、受压容器等，承修企业必须有主管部门颁发的生产、制造、安全许可证。

知识08：设备故障的预防

设备故障的预防主要包括使用之前、日常运转和定期点检时的预防。

1. 使用之前的预防

（1）询问制造厂家的说明、掌握一般的使用方法。

（2）从制造厂家听取关于保养、点检的要领以及发生故障时的处置说明。

（3）询问设备不良时通知制造厂家的方法。

（4）准备保养所需的材料、用品（如有必要，预先库存一定数量）。

2. 日常运转时的预防

（1）遵守规定的操作要求，通过特别清扫来发现微小的缺陷。

（2）根据规定的日常点检检查表每天进行点检，发现异常后根据操作手册处理。

（3）知道自己修理不了时，立即通知制造厂家。

（4）运转时的异常现象全部要告知直接上级。

3. 定期点检时的预防

（1）决定定期点检的主要负责部门。

（2）在定期点检中若涉及法律法规，要根据法规进行点检。

（3）制作定期点检的检查表。

（4）根据定期点检的检查表来点检。

（5）点检时发现故障，即使运转无障碍，也要进行维修。

（6）日常点检、定期点检都要进行记录。

（7）对出现异常或者故障的原因进行分析，以利于预防保养。

（8）把点检时发现的情况，通报给制造厂家。

知识09：设备的安全管理

1. 设备安全教育

安全教育是做好安全工作的重要步骤，让员工认识到设备安全与否的标准，能减少设备事故的出现。

（1）根据设备的特点介绍安全技术基础知识。

（2）讲解本岗位使用的机械设备、工器具的性能、防护装置的作用和使用方法。

（3）讲解本工种的安全操作规程和岗位责任，重点要求思想上应时刻重视安全生产，自觉遵守安全操作规程，不违章作业，爱护和正确使用机器设备和工具。

（4）介绍各种安全活动以及作业环境的安全检查和交接班制度。

（5）讲解怎样正确使用、爱护劳动保护用品和文明生产的要求。

（6）介绍事故多发部位、原因、相关的特殊规定和安全要求，介绍常见事故和对典型事故案例的剖析等。

2. 设备安全检查

安全检查就是为了能及时地发现设备的安全隐患，并采取对策消除，从而保障生产安全顺利进行。

（1）作业岗位日常检查。作业岗位工人每天操作前，对自己岗位的设备进行自检，确认安全才操作。主要包括设备的防护、保险、报警装置情况，控制机构、使用规程等要求的完好情况。

检查中发现的问题应及时解决，问题处理完毕才能作业，如无法处理或无把握的，应立即向班组长报告，待问题解决后才可作业。

（2）安全人员日常巡查。企业安全主任、安全员等安全管理人员应每日到生产现场进行巡视，检查安全生产情况。

（3）定期综合性安全检查。企业应定期实行综合性安全检查，从检查范围讲，包括全厂检查和车间检查，检查周期根据实际情况确定，一般全厂性的检查每年不少于两次，车间的检查每季度一次。

知识10：设备的清扫

将机器设备内看得见和看不见的地方以及机器外部清扫干净，并保持现场干净整洁，有利于改善员工的心情，保证产品的品质，减少设备故障。

1．清扫前的准备

设备清扫前的准备工作具体如下所示。

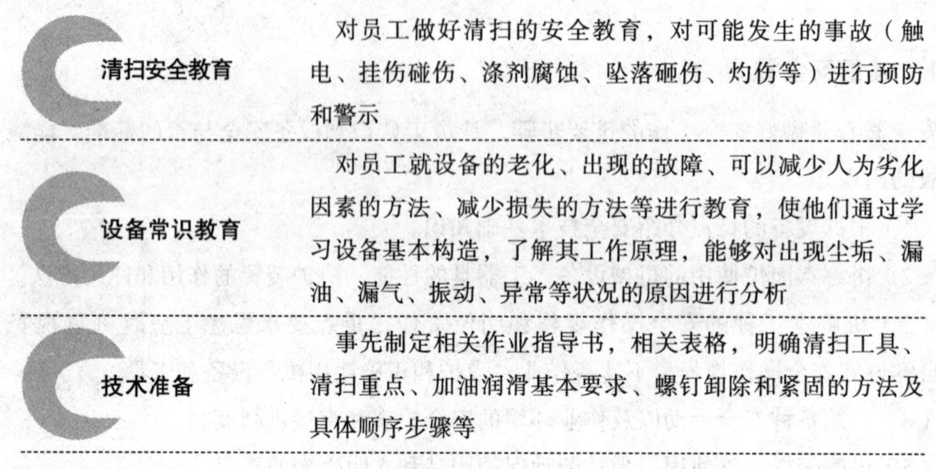

2．设备清扫

在进行设备清扫时需要注意不仅设备本身，其附属、辅助设备也要清扫。容易发生“跑”“冒”“滴”“漏”部位要重点检查确认；油管、气管、空气压缩机等看不到的内部结构要特别留心；核查注油口周围有无污垢和锈迹；表面操作部分有无磨损、污垢和异物；操作部分、旋转部分和螺钉连接部分有无松动和磨损。

3．查找设备的“六源”

（1）查污染源。污染源指由设备引起的灰尘、油污、废料、加工材屑等。更严重的包括有毒气体、有毒液体、电磁辐射、光辐射以及噪声方面的污染。寻找、收集这些污染源的信息后，通过源头控制，采取防护措施等办法加以解决。

（2）查清扫困难源。清扫困难源指设备难以清扫的部位，包括空间狭窄、无人工作的部位；设备内部深层无法使用清扫工具的部位；污染频繁，无法随时清扫的部位；人员难以接触的区域，如高空、高温、设备高速运转部分等。解决清扫困难源通过控制源头，采取措施，使其不被污染或设计开发专门的清扫工具。

（3）查危险源。危险源指和设备有关的安全事故发生源。由于现代设备向大型、连续化方向发展，一旦出了事故，可能给企业乃至社会带来危害。安全工作必须做到“预防为主、防微杜渐、防患于未然”，必须消除可能由设备引发的事故和事故苗头，检查设备使用的元器件是否符合国家有关规定，设备的使用维护修理规范是否符合安全要求等。

（4）查浪费源。浪费源指和设备相关的各种能源浪费。第一类浪费是“跑”“冒”“滴”“漏”，包括漏水、漏油、漏电、漏气、漏汽以及各种生产用介质等的泄漏；第二类是“开关”方面的浪费，如人走灯还亮，机器空运转，冷气、热风、风扇等方面的能源浪费等。要采取各种技术手段做好防漏、堵漏工作，要通过开关处张贴提示的方法，使员工养成良好习惯。

（5）查故障源。故障源指设备自身故障。要通过日常的统计分析，逐步了解掌握设备故障发生的原因和规律，制定相应的措施以延长设备正常运转时间。如因润滑不良造成故障，应采取加强改造润滑系统措施；因温度高、散热差引起的故障，应通过加强冷风机或使用冷却水来排除故障等。

（6）查缺陷源。缺陷源指现有设备不能满足产品质量的要求。围绕保障和提高产品质量，寻找影响产品质量的生产或加工环节，并通过对现有的设备进行技术改造和更新来保证产品质量。

知识11：设备的改造

企业进行设备改造主要是为了提高设备的技术水平，以满足生产要求。

1．设备改造目标

企业进行设备改造主要是为了提高设备的技术水平，以满足生产要求，在注意经济效益的同时还必须注意社会效益。为此，企业应注重以下四方面的目标：

（1）提高加工效率和产品质量。设备经过改造后，要使原设备的技术性能得到改善，提高精度和增加功能，使之达到或局部达到新设备的水平，满足产品生产的要求。

（2）提高设备运行安全性。对影响人身安全的设备，应进行针对性改造，防止人身伤亡事故的发生，确保安全生产。

（3）节约能源。通过设备的技术改造提高能源的利用率，大幅度的节电、节煤、节水，在短期内收回设备改造投入的资金。

（4）保护环境。有些设备会对生产环境乃至社会环境造成较大污染，如烟尘污染、噪声污染以及工业废水的污染。要积极进行设备改造，消除或减少污染，保护生存环境。

2．设备改造要求

设备改造应遵循以下要求：

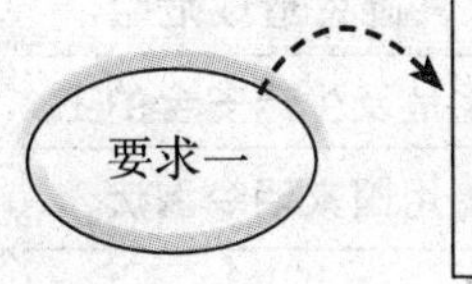

从实际出发，按照生产工艺要求，针对生产中的薄弱环节，采取有效的新技术，结合设备在生产过程中所处地位及其技术状态，决定设备的技术改造

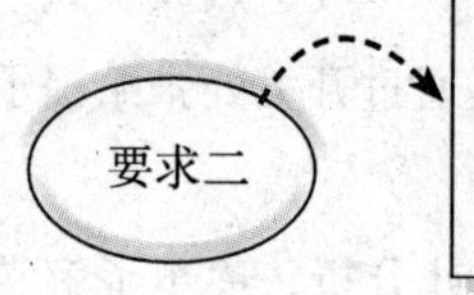

由于生产工艺和生产批量不同，设备的技术状态不一样，采用的技术标准应有区别。要重视先进适用，不要盲目追求高指标，防止功能过剩

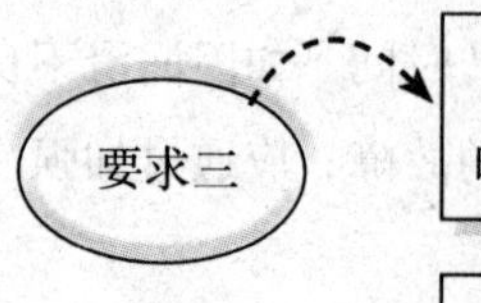

在制定技改方案时，要仔细进行技术经济分析，力求以较少的投入获得较大的产出，回收期要适宜

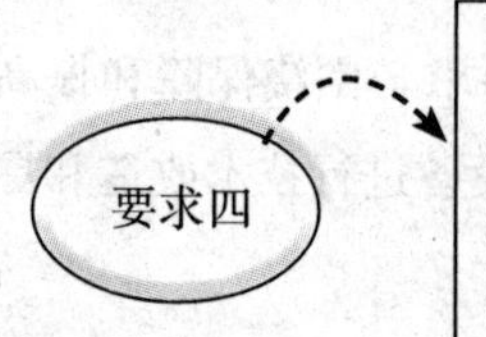

在实施技术改造时，应尽量由本企业技术人员完成；若技术难度较大本企业不能单独实施时，也可请有关生产厂方、科研院所协助完成，但本企业技术人员应通过学习予以掌握，以便以后的管理与检修

专家点拨：

设备的改造不能违背相关国家标准，《安全生产法》第二十九条规定，安全设备的设计、制造、安装、使用、检测、维修、改造和报废，应当符合国家标准或者行业标准。

知识12：设备的更新

设备更新是指对在技术上或经济上不宜继续使用的设备进行原样更新或采用新的设备对其进行更换。

1. 设备更新的对象

企业应当从生产经营的实际需要出发，对下列设备优先安排更新：

（1）陈旧老化、技术性能差、生产效率低的设备。

（2）原设计、制造质量不良，技术性能不能满足生产要求，而且难以通过修理、改造得到改善的设备。

（3）经过预测，继续进行大修，其技术性能仍不能满足生产工艺要求的设备。

（4）耗能高、排放污染严重、危害人身安全的设备。

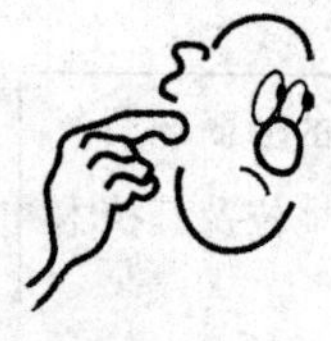

专家点拨：

企业应当及时淘汰不能继续使用的设备，避免造成危险。《安全生产法》第三十一条规定，国家对严重危及生产安全的工艺、设备实行淘汰制度。生产经营单位不得使用国家明令淘汰、禁止使用的危及生产安全的工艺、设备。

2．设备更新的方式

（1）原样更换，是指把使用多年、大修多次、再修复已不经济的设备更换一台同型号的设备。这种方式只能满足工艺要求，在没有新型号设备可以替换的情况下采用。

（2）技术更新，是用质量好、效率高、能耗少、环保的新型设备替换技术性能落后又无法修复改造或者修理、改造不经济的老设备。这是设备更新的主要方式。

3．设备更新的时机

设备更新必然要考虑经济效益。那么，什么时候更新在经济上最有利，即选择其为更新的时机。设备更新时机应考虑以下几点：

（1）宏观环境给予的机会或限制。

（2）微观环境中出现的机遇。

（3）企业生产经营的迫切需要。

（4）设备的寿命。

设备的寿命主要包括以下几种：

物质寿命

物质寿命也称自然寿命，是指设备从投入使用到报废为止所经过的时间

技术寿命

技术寿命是指设备从开始投入使用到其物质寿命尚未结束之前被技术性能更优越的设备淘汰所经历的时间

折旧寿命

折旧寿命是指按国家规定或企业自行规定的折旧率，把设备原值排除后的余额，折旧到接近于零所经历的时间，它的长短取决于国家或企业所采取的技术政策和方针

经济寿命

要考虑经济合算与否。因此，该设备更新时机应以其经济寿命年限为佳。条件是在设备达到经济寿命年限以前该设备技术上仍然可用，不存在技术上提前报废问题

知识13：设备的报废

设备使用到规定的寿命周期，主要性能严重劣化而不能满足生产工艺要求，且无修复价值，就要进行设备报废处理，以便更换或设置新型设备适应企业发展需要。

1．设备的报废条件

企业对属于下列情况之一的设备应当按报废处理：

（1）主要结构和部件严重损坏，虽经大修但技术性能仍不能达到生产使用要求，不能保证产品质量。

（2）设备老化，技术性能落后，耗能高，效率低，经济效益差。

（3）修理费用过高，经济上严重不合理。

（4）严重污染环境，危害人身安全与健康，没有修复、改造的价值。

（5）其他应当淘汰的设备。

2. 设备报废的审批程序

由设备使用部门提出设备报废计划，写明报废理由，送交设备部门初步审查。经企业质量部门鉴定，由工艺、财务部门会签，并交设备管理部门审核后，由使用部门填写“设备报废申请表”，送交主管领导审批。

3. 报废设备处理

（1）报废设备通常应从生产现场拆除，使其不良影响减少到最小程度。同时，做好报废设备的处理工作，做到物尽其用。

（2）一般情况下，报废设备拆除以后可利用的部分零部件，不应再作价外调。

（3）对于旧设备可以出售给其他企业做他用时，应向上级主管部门提出出售申请，核准后予以报废处理。

（4）设备报废后，设备部门应将批准的设备报废单送交财会部门注销账卡。

（5）企业出售和报废设备所得的收益要用于设备的改造和更新。

知识14：特种设备管理

特种设备是指涉及生命安全、危险性较大的锅炉、压力容器（含气瓶，下同）、压力管道、电梯、起重机械、客运索道、大型游乐设施。其中锅炉、压力容器、压力管道为承压类特种设备；电梯、起重机械、客运索道、大型游乐设施为机电类特种设备。

现场作业人员使用特种设备时要注意以下事项：

（1）设备运行前，做好各项检查工作，包括电源电压、各开关状态、安全防护装置以及现场操作环境等。发现异常应及时处理，严禁不经检查强行运行设备。

（2）设备运行时，按规定严格记录运行记录，按要求检查设备运行状况及进行必要的检测；根据经济实用的工作原则，将设备调整到最佳工况，降低设备的能源消耗。

（3）当设备发生故障时，应立即停止运行，同时立即上报主管领导，并尽快排除故障或抢修，保证正常经营工作。严禁设备在故障状态下运行。

（4）因设备安全防护装置动作，造成设备停止运行时，应根据故障显示进行相应的处理。一时难以处理的，应在上报领导的同时组织专业技术人员对故障进行排查，并根据排查结果抢修故障设备。禁止在故障不清的情况下强行送电运行。

（5）当设备发生紧急情况可能危及人身安全时，操作人员应在采取必要的控制措施后立即撤离操作现场，防止发生人员伤亡事故。

设备大修、改造、移动、报废、更新及拆除应严格执行国家有关规定，在企业内部逐级审批，并向特种设备安全监察部门办理相应手续。严禁擅自大修、改造、移动、报废、更新及拆除未经批准或不符合国家规定的设备，一经发现除给予严肃处理外，责任人还应承担由此而造成的事故责任。

知识15：计量器具管理

计量器具的使用必须符合其自身特性，依据其具体操作规程进行。

1. 根据需要对计量器具进行调整

调整是指使计量器具的准确度和其他性能达到规定要求的作业。调整时应遵守计量器具操作规程，防止因调整不当而失准。如万用表、游标卡尺等在使用前要进行归零调整。

2. 标示计量器具的校准状态

一般在计量器具上贴校准状态标签，让使用者了解计量器具的状态（如合格、限制使用、停用等）和有效期限。

因体积小或影响操作等原因而不宜贴标签的计量器具，其校准状态标签可贴在包装盒上或由其使用者妥善保管，但器具上要刻上编号，以便于追溯。

3. 防止调整时校准失效

采取措施，防止调整时校准失效。例如，对作业人员进行资格认证，须有资格证方可上岗，同时，编制调整作业指导书及对校准点进行铅封等。

4. 加强搬运、维护、储存的防护

在计量器具使用过程中，一定要采取措施，防止计量器具在搬运、维护和储存时损坏或失效。例如，提供适宜的环境条件，采取防护措施等。

5. 做好计量器具失准时的处理

若发现计量器具偏离校准状态（失准）时，应对检测结果的有效性进行评价，并对设备和受影响的产品采取相应的措施。

（1）对被检产品，不一定要重新进行检测，但对其有效性一定要评价。

（2）对设备和受影响的产品应采取以下措施：

①追回产品重新检测。

②对设备进行修理并重新校准。

（3）应查明计量仪器失准的原因。应对检定或校准方法，检定、校准周期，计量人员工作责任心及操作熟练程度，计量器具的适用性等重新进行评价，根据评价结果再适时采取相应措施。

6. 各使用部门的具体要求

各使用部门应配备相应的专兼职管理人员，建立本部门计量器具的分台账，落实使用及保管人员，对使用人员进行上岗培训，监督使用人员按正确的方法操作并做好日常保养工作，按期送检、校准，不超期使用，以确保量值准确可靠。

第二节 现场设备管理实景解读

学习目标：

1. 了解设备放置区域标示的常见样式，并学会自行制作。
2. 学会制作设备操作说明书。
3. 了解设备管理责任卡、设备责任牌的常见样式，并学会自行制作。

实景01：设备放置区域标示

对现场重要设备必须做好存放区域标示。

本图所示为油压车放置区，即规定该区域只能放置油压车，同时为其指定一位责任人进行管理。

实景02：设备管理责任卡

生产现场应设置设备管理责任卡，以强化设备管理的责任，当出现设备事故时可以方便地找到责任人。

本图所示的责任卡中标明了设备的操作人、机修包机人、电修包机人、单位负责人等，明确了各方责任。

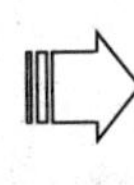

设备管理责任卡

设备名称：　　　　单位负责人：　　　　总督查人：

操作人	机修包机人	电修包机人	设备运行情况	设备卫生情况
			优	优
			中	中
			差	差
备注				

实景03：设备责任牌

设备责任牌与设备管理责任卡的作用类似，都是为了明确设备管理责任而设立的。

设备责任牌

名称		型号	
电压		整定值	
队别		包机人	
用途		编码	

本图所示的设备责任牌列举了设备名称、型号、电压等各项内容，通常用于单台设备的操作管理。

实景04：正确操作设备

现场员工在作业时要集中精力，避免“开小差”而导致事故的发生。

本图所示的员工正在专心操作设备，所有设备操作人员都应当集中精力操作设备。

实景05：设备使用安全警示

生产现场主管人员应在一些关键设备上贴出标志，对超出操作权限的人员进行警示。

本图所示为“非专业人员请勿动”，即警告非专业人员不要使用该设备。

实景06：设备检查

生产现场必须安排好设备的检查工作，只有通过不断检查，才能及时发现设备的问题，以便采取相应的处理措施。

本图所示为欧式设备检查人员穿着标准制服正在进行检查。

实景07：建立设备台账

生产现场主管人员应为每台设备建立相应的台账。

本图所示为一份设备运行记录表，它是设备台账的一种形式，它能够详细记录车间设备的运行状况。

实景08：设备使用状态标示

生产现场的设备使用人员在使用设备时应准确张贴状态标示牌，明确表明设备状态，防止误操作。

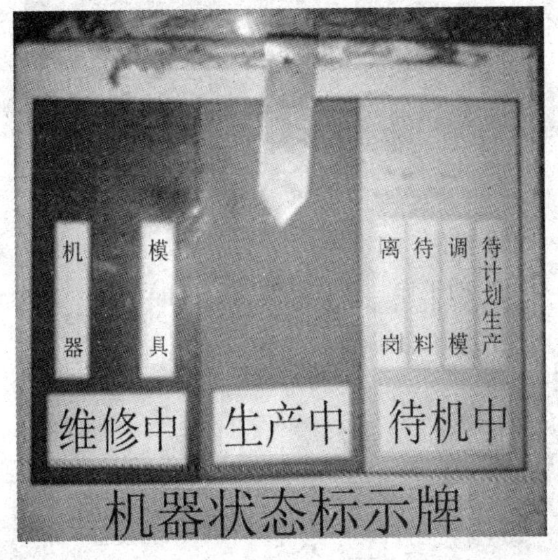

本图列举了维修中、生产中、待机中三种状态标示，当设备处于这三种状态时，要按颜色做好标示。

实景09：设备维修警示

对正在维修中的设备要及时悬挂维修警示，以告知无关人员不得动用。

本图所示的警示牌警告想要操作该设备的员工禁止开机。

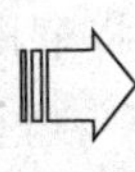

实景10：设备点检记录

点检是找出并解决设备问题的重要手段，点检必须做好记录工作。

本图所示为一张设备点检表，记录设备点检状况。

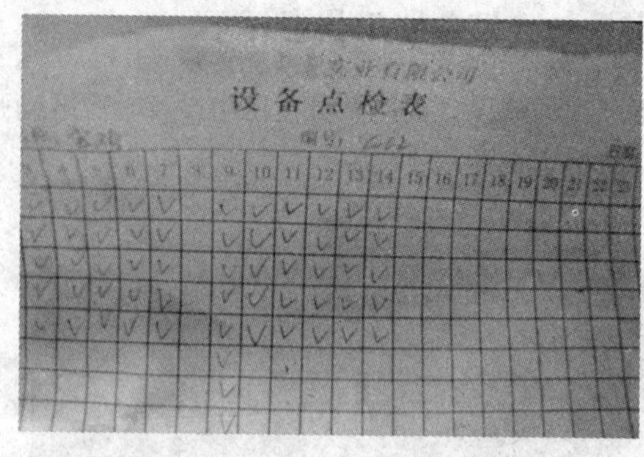

实景11：设备日常保养

良好的保养是延长设备使用寿命必不可少的工作。

本图所示为设备不用时要用塑料薄膜包裹起来，以防止灰尘进入。

实景12：设备操作提示

现场主管人员应当在设备表面张贴操作提示，以提醒操作人员正确操作。

本图所示的操作提示列举了操作该设备必须注意的几个重要事项。

实景13：设备要求标示

生产现场主管人员应当将对各区域的要求明确标示，以方便现场作业人员按照该标示维护设备状况。

本图所示为仪表车床的区域标志要求，如物品按规定摆放等。

实景14：电子秤展示

电子秤是生产过程中一种很常用的计量器具，而计量器具是进行现场作业必不可少的工具。

本图所示的电子秤主要用于对现场物料、成品的称重工作。

第三节　现场设备管理实战范例

学习目标：

1. 了解设备维护管理制度的常见样式，掌握其要领，并学会自行制作。
2. 了解设备清洁规程的常见样式，学会自行制作。

范例01：××公司设备维护管理制度

一、编制目的

为了科学地管理公司的设备，使设备维护管理工作有组织、有计划、有原则、有标准、有规程地进行，以达到设备的使用寿命长、综合效能高和适应生产发展需要的目的，特制定本制度。

二、适用范围

本制度适用于对设备的日常维护管理。

三、具体内容

1. 设备维护基本原则

（1）设备维护工作应贯彻“预防为主”的原则。应把设备故障消灭在萌芽状态，其主要任务是防止连接件松动和不正常的磨损，监督操作者按设备使用规程的规定正确使用设备，防止设备事故的发生，延长设备使用寿命和检修周期，保证设备的安全运行，为生产提供最佳状态的生产设备。

（2）坚持使用和维护相结合的原则。操作人员在设备日常维护工作中做到“三好”（管好、用好、维护好）和“四会”（会使用、会保养、会检查、会排除故障）。

（3）坚持合理规划、科学维护的原则。设备维护工作的重点体现在提高维修工作质量、减少故障停机时间、提高设备作业率三个方面。要做到这些就必须做到合理规划，实现生产、修理两不误，同时注意采用科学的维护方法，以达到效率的最大化。

2. 操作工作实行设备维护和保养负责制

（1）单机、独立（如起重行车、运输车辆、金属切削机床、锻压机械等）通用设备实行操作工人当班检查及维护和保养负责制。

（2）连续生产线上集体操作的设备，实行1/3（或1/4）区域当班检查及维护和保养负责制。

（3）无固定人员操作的公用设备，由设备所在部门设备主任指定专人维护和保养负责制。

（4）每台设备都要制定及悬挂维护和保养责任牌，要写明维护和保养者姓名。

3. 维护和保养责任者的职责

（1）严格按设备使用规程的规定，正确使用好自己操作的设备，不超负荷使用。开车前15分钟要仔细检查设备，连接螺栓松动的要及时紧固，检查按车间规定须维护检查的必检部位，然后空负荷试车，检查各控制开关是否失灵。

（2）发现问题和异常现象要停车检查，自己能处理的马上处理。不能处理的，及时报告检修责任者，立即处理。

（3）正确地执行车间制定的润滑表的规定，定期添加润滑油或润滑脂，定期换油，保持油路畅通。

（4）操作工在本班下班前15分钟停机，将设备和工作场地擦拭及清扫干净，保持设备内外清洁，无油垢，无污物，做到“漆见本色铁见光”。

（5）认真执行设备交接班制度，主要设备每台都应有交接班记录本，每班人员应认真做好记录，交接双方要在交接班记录本上签字，设备在接班后发生问题由接班人负责。

4. 专业维修工人实行设备包修制

（1）班组包区域，个人包机组。

（2）每个设备区域和每一台设备都要制定及悬挂维护检修责任牌。区域内要悬挂班组长责任牌，单机悬挂个人责任牌，填写维修检修责任者职责。

5. 专业维修者的职责

（1）区域包修的责任班组，应按车间制定的区域设备检查点，分解落实到单机包修的个人，定时、定点进行巡回检查包修。

（2）包机的个人应根据车间规定的每台设备检查点的检查情况详细填写记录，交车间设备组存档备查。

（3）车间设备组应根据定时、定点检查的记录，安排和落实该设备的预修计划，并报设备科备案，及时排除设备事故或设备故障。

6. 设备的分类分级维护和保养

（1）金属切削机床、起重行车、锻压机械、运输车辆等通用设备，推行一、二、三级维护和保养责任制。

（2）一级保养以操作者为主，维修工人配合，二班或三班工作制的设备每季度做一次一级保养。运输车辆每行走2 000 km进行一次一级保养，每次保养必须按保养的要求进行。

（3）二级保养以维修工人为主，二班或三班工作制的设备一年做一次二级保养。运输车辆每行走7 000 km，进行一次二级保养，每次保养必须按保养的要求进行。运输车辆每行走45 000～50 000 km，进行一次三级保养，按运输车辆保养内容及要求进行。

（4）连续生产线上的专用设备，推行点检、预修和厂休及节假日的维修责任制，根据点检的预修计划，进行定量维修。

（5）设备维护和保养周期的确定可根据设备的重要性和生产班次划分类别。

①A类设备周期最短。

②B类设备周期较长。

③C类设备不做定期规定。

范例02：××公司车间电气设备管理规定

一、编制目的

为了维护设备的正常运行，保证电气、机械设备的安全运行。根据公司有关规定，结合车间设备运行情况，特制定本实施办法。

二、适用范围

凡属生产车间的机械设备在使用时，遵守操作规程的同时必须遵守本办法。

三、具体内容

1. 设备使用

（1）车间设备包括机械设备、电气设备、空调、冰箱、除尘器、道路检测系统、测绘检测系统等，生产车间应对每台设备按规定编号并贴标签明示。

（2）车间工作人员应熟练掌握车间设备的安全使用和维护规程。

（3）凡属车间设备，使用时均应由车间工作人员开启、操作、关闭；在允许非车间人员操作车间设备时，操作现场应有车间工作人员在场或者采取其他有效方式进行，车间工作人员有权监督并有义务进行指导。

（4）车间设备使用完毕，使用人员有义务对所用设备进行完全的安全断电处理，并对所用设备和场地进行清理及整顿，保证环境安全和卫生。

（5）对违反车间设备使用规定的，车间工作人员应进行记录，并将记录结果归总到行政部。

2. 设备的检修及保养规定

（1）道路检测和测绘检测车辆根据车辆检修要求进行检修。

（2）发电机根据发电机检修要求进行检修。

（3）切割机、台钻、台虎钳、手电钻等要随时观察，补充润滑油。

（4）其他设备由车间负责临时决定检修。

3. 设备管理

（1）严格执行各种设备的计划检修制度，计划检修保养能保证设备的正常运行，及时消除缺陷，防止设备事故的发生，保证设备处于完好状态，掌握生产情况。车间应制定出切合本车间实际检修计划的各检修定额。

检修内容包括检修项目，质量标准，停机与检修时间，主要材料消耗定额，合理的备品、备件与消耗计划等。

（2）操作工应熟悉设备各项技术参数，小、中修技能及平时设备运行状况，一般运转设备要每日小修一次，中修和大修按设备检修规定检修，大修设备要经副总经理同意签字生效。

（3）建立和加强设备的技术档案。建立设备档案，加强设备技术管理是管好设备的基础工作。各车间都要建立设备清册，填写设备名称、规格、型号、台数、生产厂家、生产日期、质量等。设备增加或减少要及时登记，必须存有相关图样、使用说明书、到厂合格证、检验证明等。

（4）组织进行设备的巡回检查。为了正确地掌握和反映设备的运行情况，生产管理部应每月组织一次设备检查，及时消除设备隐患，使设备处于完好状态，不断提高设备的运转率。

4. 完好设备标准

（1）零部件完整、齐全，能保证安全运行检查间隔期。

（2）设备运转正常，能达到铭牌功率或额定能力，无异常振动，噪声低，温升不超高。

（3）设备运转有记录，技术资料齐全、正确。

（4）安全装置和仪表齐全、准确、灵敏、防腐、防冻、保温且完整有效。

（5）设备整齐，无“跑”“冒”“滴”“漏”现象。

（6）设备检查的结果要挂牌公布，对检查发现的问题要限期整改。

（7）车间应加强设备的维护和保养工作，争取保证每台设备完好。

范例03：××公司设备保养管理制度

一、编制目的

为了保持设施、设备的良好状态，确保产品满足客户的要求，特制定本制度。

二、适用范围

适用于保证设施、设备的正常运行。

三、具体内容

1. 职责

（1）工程部是设备维护和保养的管理部门，负责设施、设备的管理。

（2）工程部根据设施、设备的实际情况，负责建立管理档案，做好设备维护和保养记录，对设施、设备实施全过程的管理。

（3）工程部负责所有设施、设备的维修、保养及运行操作管理。

2. 工作程序

设备在使用过程中，随着运行工时的增加，各部位机构和零件由于受到摩擦、腐蚀、磨损、振动、冲击、碰撞及事故等诸多因素的影响，技术性能逐渐降低。

按照保养作业性质可分为清洁、检查、紧固、润滑、调整、电气作业、检验。检验由工程部专职检验人员负责进行。清洁、检查、紧固、润滑、调整、电气作业由设备操作及维修人员执行。

3. 保养制度

本公司的设备保养制度是以预防为主，根据运行工时进行保养，分为例行保养、一级保养、二级保养、三级保养、季节性保养。

设备保养的分级和作业内容是根据实际使用中技术情况的变化、设备的结构、使用的条件、环境条件等确定的。是根据零件磨损规律、老化规律，把程度相近的项目集中起来，在达到正常磨损、老化前进行保养，保持设备整洁，发现和消除故障隐患，防止设备早期损坏，达到维持设备正常运行的目的。

（1）设备的例行保养。设备的例行保养是各级保养的基础，直接关系到运行的安全、能源的消耗、机件的使用寿命。例行保养作业由设备操作人员负责执行，其作业中心内容以清洁、补给、安全、检视为主，坚持开工前、运行中、收工后的“三检”制度。检查操纵机构、运行机件、安全保护装置的可靠性，维护整机和各总成部位的清洁，确保润滑到位，紧固松动件等。

（2）设备启动前的工作项目

①清洁设备，清除与生产无关的杂物，更换或清洗进风口和机前端的空气过滤网。

②检查各指示仪器、仪表、操作按钮和手柄以及紧急停止按钮是否正常。

③检查各部位是否有堵塞、漏风、漏电的现象。

（3）设备运行中的检查

①注意各仪器、仪表的工作情况及各部位有无异常声响。

②运行中注意安全部件是否正常。

③遇异常情况要及时向工程部负责人报告。

（4）收工后的作业项目

①清洁设备外部、内部的剩余生产用料，清洁各种零部件。

②排除运行中发现的缺陷和故障。

（5）设备的维修和保养。设备的维修和保养是合理使用设备的重要环节，必须用强制性的保养制度取代那些随坏随修、以修代保、频繁大拆大卸的做法。

设备的维修和保养就是在以预防为主的思想指导下，把设备保养作业项目按其周期长短分别组织在一起，分级定期执行。

4. 设备三级保养

设备的定期保养分为一级保养、二级保养、三级保养。

（1）一级保养。一级保养是各级技术保养的基础，各级技术管理部门必须十分重视一级保养工作的质量。由专业维修工负责执行。主要作业内容以清洁、润滑、紧固为主，检查操纵、指示用仪器和仪表、安全部位、各种阀门、润滑油液面。

（2）二级保养。设备的二级保养以清洁、检查、调整、校验为中心内容，由专业维修人员负责执行。除执行一级保养作业项目外，还包括检查运动部件的润滑油状况，清洗各类滤清器，检查安全机件的可靠性，消除隐患，调整易损零部件的配合状况，检查旋转运动部位的磨损程度，校验指示用仪器和仪表、控制用仪器和仪表、计量用仪器和仪表，延长使用寿命，维护设备的技术性能。

（3）三级保养。三级保养以解体清洗、检查、调整为中心内容。拆检齿轮变速和电磁变速器，清除污垢、结焦，视需要对各部件进行解体、清洗、检查，消除隐患，排除缺陷，对设备进行全面检查，视需要进行除锈、补漆，对电气设备进行检查、试验。

5. 设备季节性保养

冬、夏季气温相差悬殊，设备的工作条件也发生明显变化。为此，应结合二级保养进行季节性保养作业，以避免因气温变化而造成设备性能不良和机件损坏。

6. 使用过程故障维修

运行过程中若发生机械设备故障，应及时通知本组组长联系维修人员进行维修，并填写设备维修记录单。维修后，经使用人检验正常运行后再进行正常工作。

7. 保养时间安排

例行保养由操作人员按照要求于日常进行，“三级保养”由设备维修人员负责，每月进行一次。

范例04：××公司设备维护规程

一、编制目的

为加强各车间设备维护管理，特制定本制度。

二、适用范围

本制度适用于各车间设备的维护管理。

三、具体内容

1. 企业将各专业的设备维护责任范围详细落实到班组，由班组落实到责任人。做到人人有责，台台设备有人管。分工明确，相互协作，不留空白。

2. 建立检修岗位责任制。设备责任人真正做到对自己管理的设备状态了如指掌，将设备管好、修好、保养好，努力提高设备的健康水平。为此应做好以下几点工作：

（1）每天上班后巡视所管辖的设备，了解运行情况、设备缺陷及设备清洁状况等。做好记录并向班长汇报检查情况及发现的问题，提出处理意见，听从班长安排。

（2）设备责任人是该设备大修、小修、临修、事故检修和消除缺陷的负责人，对检修工期和质量负直接责任。

（3）设备责任人负责填写该设备检修卡片，制定措施，负责现场安全并整理原始资料、记录、材料消耗记录，检修后进行自检，填写设备技术台账。

（4）提出设备改进建议及提高设备健康水平的措施。

（5）经常了解库存备品、备件情况，凡能够修旧利废和自己加工的要自己动手制作或修复零配件，主要零部件做到要有备用。

3. 检修班长应做好以下工作：

（1）督促设备责任人巡视检查设备的同时亲自巡检设备。听取责任人汇报巡检情况，在安排消除设备缺陷任务的同时向车间主任汇报。

（2）执行检修计划，保证检修计划的完成，主持分部验收，补充修改备品图样，了解备品库存情况，提出补充计划。

（3）加强技术管理，做好各种记录的整理工作并建立技术台账。

（4）班长对本班所管辖设备的检修质量、设备健康水平和技术资料的完整负责。

（5）参加车间设备的评级会议，并提出所管辖设备的升级措施。

4. 检修主任对车间设备检修质量、设备健康水平、技术资料的完整、设备的清洁负责。

5. 车间主任、工程技术人员及检修班长、设备责任人每天上班后、下班前均应详细巡视设备，发现问题及时安排处理，做到小缺陷不过班，大缺陷不过天。

6. 每台设备及阀门应挂牌，标明设备名称等级和设备责任人，本牌挂放位置应清晰、整齐、明显。

范例05：××公司设备清洁规程

一、编制目的

操作人员按规程进行操作，确保设备得到全面彻底的清洁，保证设备安全，确保产品质量，特制定本制度。

二、适用范围

适用于车间各岗位操作人员。

三、具体内容

1. 工作准备

（1）检查各岗位水、电、汽的状况。冲洗水压正常，设备动力电源断电，蒸汽管路关闭。

（2）做好设备防护工作。所有冲洗设备的电动机、电器必须用塑料膜做防水包扎。不宜进水的机械部件（如轴承、轴等）做好防水保护。

（3）做好个人和他人的安全防护工作。戴橡胶手套，穿雨靴。

2. 清洁原则

（1）先干扫后水冲，再用干抹布擦拭设备表面。

（2）设备按自上而下的原则进行清洁。

（3）对严禁冲洗部位可干扫或用毛巾擦拭。

3. 设备清扫

（1）用扫帚将设备表面附着的残余物料清扫干净。

（2）用小铲刀将粘连在设备传动轴、托辊、壁板上的残余物料清理干净。

（3）用鬃毛刷对电控柜表面的灰尘、蛛网进行清扫，用拧干的湿毛巾对表面进行擦拭。电控柜内部只能用毛刷进行清扫。

4. 设备清洗

（1）在确保电气设施做好防水措施以后，打开水枪对设备进行冲洗。

（2）清洗网链机时，先用水枪从网链反向进行冲洗。将水枪调至高压状态，近距离垂直指向网链表面，启动网链行走，将水枪沿网链表面横向扫射。将网链缝隙残渣清除干净后，再将水枪调为散射，从网链正面斜向扫射将浮渣冲走。

（3）表面污垢、油污的部位要单独用洗涤剂清洗后用清水冲刷。

（4）设备清洗完毕要对设备底部地面进行清洗、冲扫。

5. 设备擦拭

（1）新工艺设备多为不锈钢抛光表面，严禁采用清洁球、钢丝刷等硬物擦洗表面。

（2）设备冲洗完毕，要用软质干净毛巾顺同一方向将水渍擦干，以防留下水印。

（3）不适宜水洗的设备表面可以用拧干水的湿润毛巾擦拭。

6. 清洁效果评价

设备清洁后目视确认，应无可见污渍或油垢，用手擦拭任何部位要无灰渍。

7. 填写设备清洗记录

每天清场、清洁完后，操作人员在生产记录上签字，检查员检查合格后签字，并填写设备清洁记录。

8. 注意事项

（1）使用水枪时严禁用力过猛，以免损坏枪头。

（2）水枪软管严禁对折、扭曲、打结、碾压。

（3）使用高压清洗机时，严格按照清洗机的使用规程操作，保持汲水桶水位正常。

本章回顾

学习心得：

1. ______________________________

2. ______________________________

3. ______________________________

4. ______________________________

5. ______________________________

序号	员工难处	解决方法

第三章

怎样进行现场物料管理

Q：生产现场应怎样正确使用物料？

A：首先要检查物料合格证，如果发现不合格就不要安排生产；其次，要了解物料分流情形，并做好分流的应对工作。

Q：怎样正确地将物料摆放在台面上？

A：首先要了解各类物料摆放的错误做法，然后掌握各类物料的具体摆放要求，如物料的外包装物品不能直接上作业台，托盒、支架要合适等，同时要及时清理台面。

Q：生产现场会用到大量生产辅料，应该怎样管理生产现场的辅料？

A：辅料在生产现场非常常用，要了解辅料的特征，同时实施专人负责、定额使用、分门别类进行保管等措施。

备注：Q是指Question，是一位新任职的现场主管在提问。

A是指Answer，是一位具有丰富管理经验的现场主管在回答问题，并通过回答带领新主管进入本章内容的学习。

第一节　现场物料管理基础知识

学习目标：

1. 了解物料使用要点，并熟练运用于实际工作中。

2. 掌握物料台面摆放的要点，在日常工作中汇总，按规定摆放物料。

3. 掌握物料的处理要点，如产品生产结束物料的处理、完成订单批量物料的处理等。

知识01：物料的领用

物料领用是指生产现场凭领料单到仓库领用生产所需物料的一项工作。物料的领用必须严格地根据生产计划、消耗定额和规定的手续来进行，否则就会造成领料和用料的混乱。

1. 明确相关规定

（1）明确需要申领的对象。

（2）明确物料申领步骤及需要填写的表格。

（3）明确不同职务的权限范围，主要是指可审批的对象及数量（金额）。

（4）明确物料审批的时限。

（5）明确领用方法。

（6）明确申领者的申领数量及管理责任者的批准权限。

2. 正确填写物料申领表格

使用部门或人员领用物料时应将领用表格填写清楚、明白，而批准者只要见到物料领用申请表手续齐全，就立即给予办理。申请表需要存档一段时期，以便日后确认和平衡数据用。

3. 领料作业

领料人员领取物料后要及时回到生产现场，向生产作业人员提供物料用于作业。

知识02：现场物料的使用

各种物料在搬运到现场后，就要投入生产使用中，所以，必须对物料的使用进行监督控制，以保证物料被正确、有效地用于生产。

1. 检查合格证

合格证是跟随物料一起、证明物料身份的文件，也被称为检查合格证、出厂合格证，具体内容如下所示。

合格证的信息	一张合格证里至少要包含以下信息：品名、编号、制造日期、数量、供应商和检查结果等。这是物料管理不可缺少的重要数据
合格证管理要点	在使用物料时，首先必须检查是否有合格证，如果没有绝不能投入生产使用。在开启物料外包装后，要确认合格证上内容与实物是否一致，如发现异常应立即报告上级领导。正常时分类收集好，定期交给管理人员，管理人员判定完毕便可废弃

2. 了解物料分流情形

常见的物料分流情形如下所示。

不良品修理	如修理人员从工序内取走用于不良品替换的物料未记录；不良品已从生产现场清退给前工序，但未及时记录
分析不良品、设定样品	有的技术人员为了分析产生不良品的原因，从工序内直接取走物料，没有及时记录下来；有的品管人员为了设定样品，从工序内直接取走物料，没有及时记录下来
作业途中遗失	作业人员在搬运、组装的过程中不小心使物料跌落，没有捡回
使用地点转移	如生产结束后，剩余的物料退回前工序或转移到其他部门使用，没有及时记录
设备调整时精度验证	如印刷设备，为了定位、定色就得耗费一定数量的物料进行调整。如果预先没有设置调机物料，那么一定会导致产出不足的后果
其他原因	如发生地震、火灾、盗窃事件等不可抗拒外力所造成的损毁

3．物料分流应对策略

针对上述各种造成物料分流的情形，在具体应对时可采取以下措施：

（1）尽量从仓库领取非正常生产所需的物料。

（2）制作物料去向一览表，实施现场分流追踪。

（3）及时清理当日的不良物料。

（4）及时记录和消去不同工序、机种之间转用物料的数目。

（5）制定相应奖惩制度，防止人为遗失、损毁物料。

专家点拨：

物料分流是物料使用过程中的正常现象，但很多情况下物料分流容易造成很多不必要的浪费，因此，现场主管人员必须高度关注分流情况，并采取有效措施应对分流。

知识03：退料补货

生产线上如果发现有与产品规格不符的物料、超发的物料、不良的物料和呆料，应对其进行有效控制，进行退料补货，以满足生产的需要。

1．退料的类型

通常物料退库的对象包括下列几项：

（1）与产品规格不符的物料。

（2）超发的物料。

（3）不良的物料。

（4）呆料。

（5）报废物料。

2．退料补货的程序

退料补货的程序如下所示。

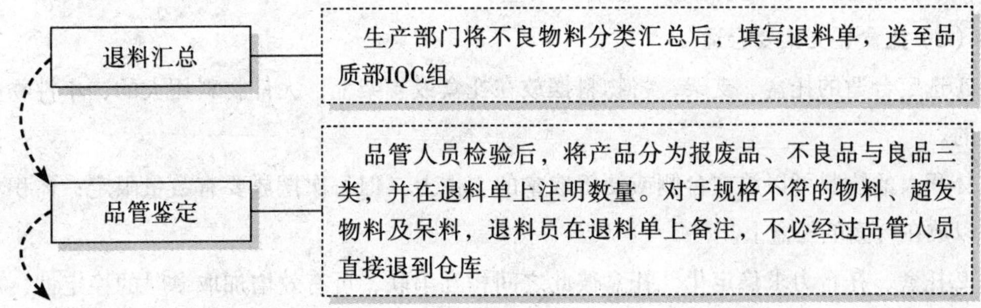

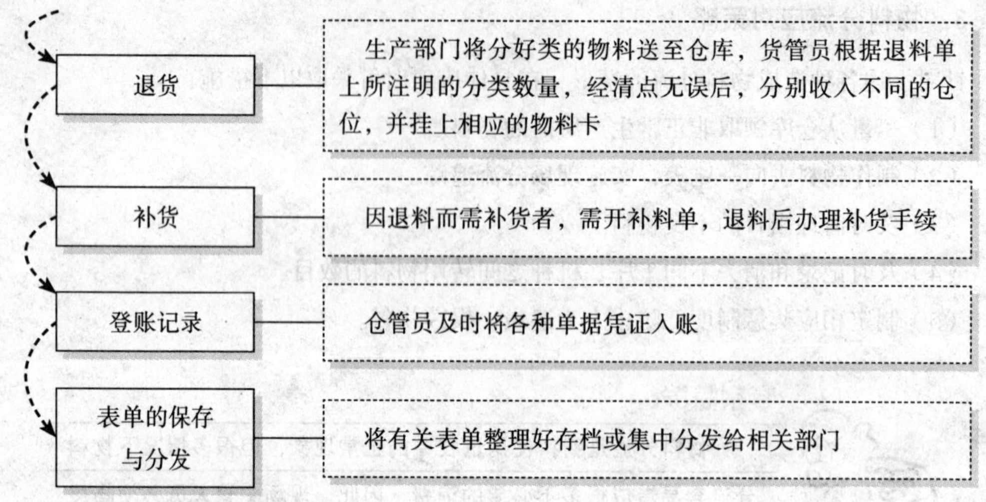

知识04：物料的台面摆放

作业台是生产现场的关键之处，所有的生产活动都在这里进行。产品的品质、成本、交货期都要在这里通过作业人员的手一步步变为现实。因而对作业台物料的摆放一定要加强管理。

1．生产现场物料摆放的错误做法

（1）物料几乎堆满了整个作业台。

（2）装载托盒不合理，要么“大材小用”，要么“小材大用”。

（3）多人挤用一张作业台，作业人员利用身前身后的空间到处存放物料。

（4）良品与不良品全都放在台面上，除了作业人员自己之外，其他人不知道哪些是良品，哪些是次品。

对以上这些现象，许多现场管理者都以为很正常，但实际上是极其错误的。

2．作业台台面物料摆放的具体要求

（1）外包装物品不能直接上作业台。作业台本身就不大，只适合放上一些物料、夹具、小型设备。若把物料连同外包装物品（如纸箱、木箱、发泡盒、吸塑箱等）一起放上台面，不仅占地大，而且极容易产生各种粉尘。

（2）托盒、支架要合适

①选定合适的托盒、支架，将物料摆放在托盒或支架上，大件物料用大的，小件物料用小的。

体积大的物料可以放在台侧或便于取拿的空位上，但每次摆放要有数量限定；体积小的可以放在台面的托盒上。

②托盒、托台力求稳定化。托盒彼此之间相互串联，可有效增加取拿时的稳定性，也

能节省台面空间。

③托盒、托台目视化。可在标签上写清物料的品名、编号，然后贴在托盒、托台上，便于其他人确认。

④充分利用斜托板摆放物料托盒。斜托板的使用是梯形摆放的进一步延伸，尤其是细小的又要单独摆放的零部件，使用斜托板摆放后，可大大提高取拿效率。

（3）控制好物料投放。分时段等量投入物料。不要一次全部投入当日所需物料，使得台面物料过多，无处摆放。

（4）将物料摆放好

①两种大小不同的物料一起摆放时，小件的物料摆放在手边，大件的放在外侧。取拿次数多的摆放在手边，取拿次数少的放在外侧。

②相似的物料不要摆放在一起。尤其是外观上较难区分的物料若一起摆放，极易用错，应尽可能在制定工序时予以错开。

③物料呈扇形摆放，可营造阶梯空间。扇形摆放符合人体手臂最佳移动的范围，来回取拿时不易产生疲劳。

（5）及时清理台面

①及时清理暂时摆放在台面上的不良物料，不让不良物料在作业台面上过夜。

②台面上的物料堆积到一定数量后要随时调整。

知识05：物料的搬运

物料的搬运要符合时效性，即按时、按量、准确且及时地搬运。要运用适当的搬运方法，提高工作效率，保证物料的搬运安全、经济。

1．物料搬运的方法

物料搬运的方法如下所示。

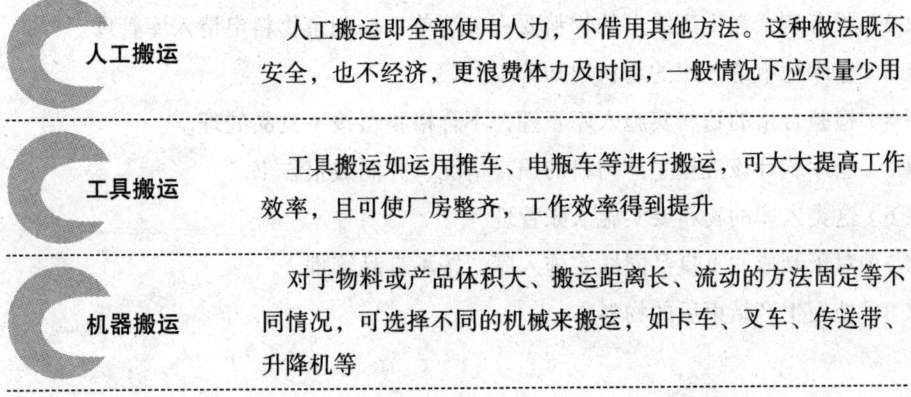

2．物料搬运作业要求

（1）在工序间运送或搬运中，对物料易被磕碰的关键部位提供适当的保护（如保护套、防护罩等）。

（2）使用与物料特点相适应的容器和运输工具（如托盘、货架、板条箱、集装箱、叉车、载重汽车等），加强对容器和运输工具的维护和保养。

（3）对精密、特殊的产品还要防止振动及受到温度、湿度等环境的影响。

（4）物料搬运过程中须通过环境有污染的地区时，应进行适当的防护。

（5）对易燃、易爆或对人身安全有影响的产品，应有严格的搬运控制程序。

（6）对有防振、防压等特殊要求的物料，搬运中要采取专门的防护措施，加以明显的识别标记，并注意保护有关的标记，防止其丢掉或被擦掉。

（7）物料、半成品、成品等应有明确的产品及路程标记，不可因搬运而造成混乱。

（8）对搬运人员要进行培训，使其能掌握必需的作业规程和要求。

3．搬运装具与注意事项

（1）搬运原材料和半成品时，最常见的是使用塑料箱。塑料箱可以用不同的颜色来区别产品状况，而且塑料箱要规定标准容量，要按规定位置存放。

（2）成品的搬运通常使用纸箱。纸箱应尽量标准化，虽有多种产品，但外箱应尽可能减少规格种类，以减少管理及仓储的困难。

（3）现场作业人员在搬运物料时要特别注意对危险物料的搬运，如易燃、易爆品和有毒品等，对其搬运应当严格按照相关说明书进行，并做好防护工作。

知识06：完成订单批量的物料处理

生产中每完成一个订单的批量时，需要做好物料的扫尾工作，这个工作由仓库和生产部合作进行。具体的处理要点如下：

（1）生产部负责实施该批量全部物料的撤除和清点等工作。

（2）所有剩余在生产线上的物料要列成清单，按剩余物料申请入库管理。

（3）仓库把申请入库的物料通知IQC检验。

（4）检验合格的物料实施入库管理，不合格物料按不良品处理。

（5）仓库统计该批量生产物料的损耗情况，并制成报告书。

（6）这类入库的物料要实施入账管理。

（7）对于制成的不良品同样实施入库，按不良品管理。

（8）处理生产结束后的物料。

知识07：产品生产结束物料的处理

产品生产结束是指该产品已没有生产计划或订单，并且在今后比较长的时间内不会再生产的产品。对这类产品所用的物料要实施彻底扫尾，具体处理要点如下：

（1）生产部负责实施该产品全部物料的撤除和清点等工作。

（2）所有剩余在生产线上的物料要列成清单，按剩余物料申请入库管理。

（3）仓库把申请入库的物料通知IQC检验。

（4）检验合格的物料分成通用物料和专用物料。对于通用物料实施入库管理，入账后等待重新使用；对于专用物料入库后放置在机动区保管，如果一年后还找不到合适的用途，应进行报废处理。

（5）IQC检验不合格的物料入库后按不良品处理。

知识08：生产中剩余物料的处理

生产中的剩余物料是因工作失误、工艺改进、发生设计更改和计划改变等情况而导致的在预定的计划期内无法再使用的物料。由于这些物料是现实存在的，但基本上暂时不会使用，所以这些物料是多余的，应尽量予以利用。

具体的处理要点如下：

（1）型号、规格相同的剩余物料可以申请按通用物料互用。

（2）型号、规格相近的剩余物料可以申请按特采物料使用。

（3）不能使用的物料要与供应商联系，看能否协商退回。

（4）对于比较贵重而无法处理的物料，要保管一段时间后看是否有使用机会。

（5）对于不易保管、基本不会使用到的物料，实施报废处理。

知识09：生产辅料的管理

生产的物料包括主料和辅料，只有主料而缺了辅料，生产将无法进行。辅料的好坏不仅直接影响产品的质量，而且它还在成本中占据一定比例，所以对辅料的管理不能忽略。

辅料是指在生产过程中起辅助作用，但不构成产品主要实体的物料。如油脂类、溶剂类、胶水类、油漆类、焊接材料类、防护类材料等，也被称为“辅助材料”“次要材料”或“乙材”。

对辅料的有效管理可从以下几个方面着手：

1．实施专人负责

实施专人负责是指定专职管理人员负责订购、保管、派发、统计等工作。

可以改变传统的由生产现场派人到仓库领取的方式，而采用送货上门式，即将当日所需的辅料预先放在小推车上，定时、定点推过，有需要的部门或人员立刻就能得到辅料。

这种派发辅料的方式还有以下好处：

（1）直接供给生产工序，避免各个生产现场或生产线持有在线辅料库存。

（2）节省直接生产人员的工时，避免现场为领取辅料而离岗，浪费生产时间。

（3）可增进辅料管理人员对辅料用途、使用工序的了解，同时可起到监督、检查的作用。

（4）节省辅料在现场的摆放空间。

2．定额使用

可由生产现场统计单件产品的实际消耗量（也可统计月耗量），通知生产部，然后生产部根据生产计划事先购入相应的数量。

3．分门别类进行保管

辅料要按用途或保管条件的不同分门别类保管好，如危险品需要隔离管理，胶水需要在阴暗处存放，易燃、易爆品要在无烟火处存放。这样可防止辅料发霉、变质，减少呆料、缺料等事件的发生。

4．设置账簿，每次进出库都有记录

每一种辅料都设置台账进行管理，每次辅料的进出库都详细登记，这样可以随时知道辅料进出情况。同时，每个月或每周对进出数据进行统计、分析，从中可以发现一些规律。

5．确定领取手续

可在辅料管理账簿上分新领和更换（以旧换新）两种，新领要有上级领导（规定为某一职务以上）的确认，更换则只需要退还用剩的残壳，如外包装盒、袋、套等物，无须上级领导的确认就可给予更换。

6．报废要手续齐全

用完的残渣、壳体不能随便扔进垃圾箱内，应遵循相应的规定。对于一些特殊的残辅料，不能以一般垃圾处理，有的要交由专业公司处理，以避免造成环境污染。此外，还要填写废弃申请单，以备核实。

知识10：呆、废料的处理

呆、废料的存在会占用一定的库存和成本，影响生产计划的执行，必须分析呆、废料

产生的原因并进行预防和处理，以保证生产的顺利进行。

1. 呆、废料的类别

呆、废料的类别具体如下所示。

类别	说明
呆料	呆料是指物料存量过多，耗用量极少，而库存周转率极低的物料，这种物料只是偶尔耗用甚至有些根本不再动用。但是呆料是100%可用的物料，没有丧失物料原来的特性和功能，只是呆置在仓库中很少动用
废料	废料是指报废的物料，即经过相当使用，本身已残破不堪、磨损过度或已超过其寿命年限，以至于失去原有的功能而无利用价值的物料
其他物料	（1）旧料，是指物料经使用或储存过久，已失去原有性能或色泽，致使物料的价值降低 （2）残料，是指在加工过程当中所产生的物料零头，已丧失其主要功能，但仍可设法利用

2. 呆料的预防

呆料的预防重于处理，可以从呆料的产生原因来进行相应的防范。

（1）销售部门

①加强销售计划的稳定性，对销售计划的变更要加以规划；切忌使销售计划频繁变更，使购进的物料变成仓库中的呆料。

②应确实把握客户的订货，尤其是特殊订货不宜让客户随意取消；否则，物料准备下去，容易造成呆料。

③消除客户百分之百的优先主义，客户预订的产品型号或规格应减少变更，尤其是特殊型号和规格的产品更应设法降低客户变更的机会；否则会造成很多呆料。

④销售人员接受的订货内容应确实有把握，并把正确而完整的订货内容传送至计划部门。

（2）设计部门

①提高设计人员的能力，减少产生设计错误的机会，不至于因设计错误而产生大量呆料。

②设计应力求完整，设计完成后先经过完整的试验，才能大批订购物料。

③设计时要尽量使零件、包装材料等标准化。这样就可尽量避免零件与包装材料种类过多而使呆料增加。

（3）计划与生产部门

①加强产销的协调，增强生产计划的稳定性，对紧急订单妥善处理。如此可减少呆料的产生。

②生产计划的拟订应符合现状。若生产计划错误而造成备料错误，自然会产生呆料。

③生产线加强发料、退料的管理，则生产线上的呆料自然会减少。

④新旧产品更替时，生产计划应十分周密，以防止旧物料变成呆料。

（4）仓储部门

①应加强物料计划，消灭物料计划失常的现象。

②对存量加以控制，勿使存量过多，以减少呆料的发生。

③强化仓储管理，加强账物的一致性。

（5）采购部门

①减少物料的不当请购、订购。

②加强对供应商的辅导，降低呆料现象。

（6）验收管理部门

①验收物料时，避免混入不合格物料，强化进料检验并彻底执行。

②提高检验仪器的精度，减少物料"鱼目混珠"的机会，消灭不良物料入库的机会。

3. 呆料的处理

处理呆料主要有以下几种方法：

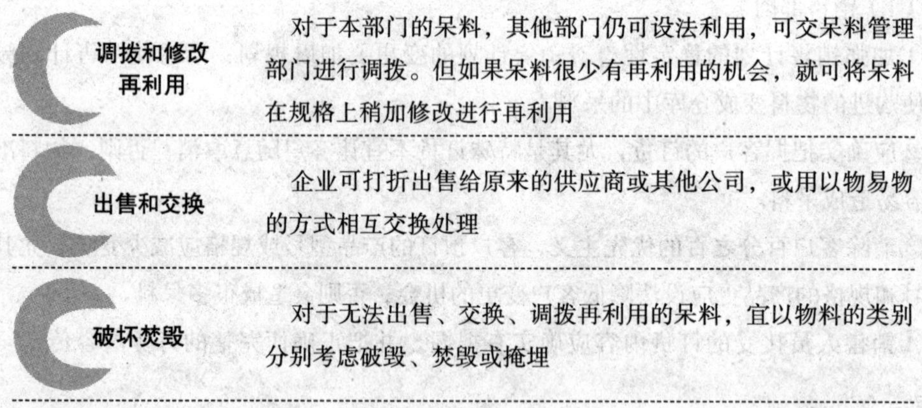

4. 废料的预防与处理

（1）废料的申报。对于储存的废料，仓管员首先要填写物料报废申请表，得到相关部门的批示后再进行进一步的处理。

（2）废料的产生原因

废料的生产原因如下所示。

陈腐	物料长久未加以动用，陈腐不堪而失去使用价值
锈蚀	机械设备使用年限一过，无论怎样保养，终将无法使用，报废拆解后自然形成废料
边角料	在物品使用过程中产生大量物料零头，且已经丧失了主要功能
拆解产品	不良产品的拆解必然会产生不少已利用零件、包装材料

（3）废料的预防。根据废料产生的原因，可以采取以下预防对策：

①提高对物料的使用效率，尽量少产生边角料。

②加强对仓库物品的养护工作，防止物品霉腐、锈蚀等现象的发生。

③建立先进先出的物料收发制度，以免物料堆积过久而成为报废的物料。

④注意仓库环境的清洁，预防虫咬现象的发生，减少物料的损毁。

（4）废料的处理。在规模较小的企业，废料积累到一定程度时宜出售处理。对于规模较大的企业，可将废料集中在一起进行解体，将解体后的物料分类处理。

①移作他用。废料解体后，有些可移作他用的物料，如机械零件、电子零件等。

②残料利用。废料解体后，其中仍有残料，如钢片、钢条等可作为残料利用。

③废料解体后，要将剩余废料进行分类，如钢、铝、铅、铜、塑胶等适当分类，可以回炉加工或作价出售。

④处理好后，同时做好档案资料，以备日后查询。

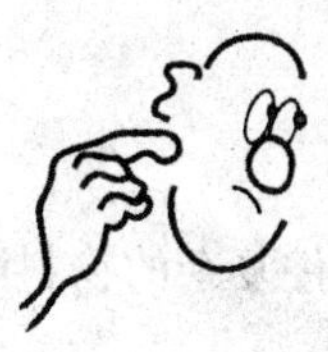

专家点拨：

当需要对呆、废料进行处理时，一定要按照国家规定进行，避免污染环境。《固体废物污染环境防治法》第八十二条明确规定，违反本法规定，造成固体废物污染环境事故的，由县级以上人民政府环境保护行政主管部门处二万元以上二十万元以下的罚款。造成重大损失的，按照直接损失的百分之三十计算罚款，但是最高不超过一百万元，对负有责任的主管人员和其他直接责任人员，依法给予行政处分。

知识11：不用物料处理

不用的物料是指由于生产要素的制约或突变，本次生产活动结束后仍无法全部使用完毕的物料。呆料、旧料都可算是不用的物料。

1．不用物料产生的原因

不用物料产生的原因如下所示。

设计原因

（1）设计失误。正式生产后才发现错误所在，重新设计后，旧版本的物料来不及处理掉，堆积在生产现场

（2）设计发生变更

生产、销售计划原因

（1）生产计划变化快，一条生产线上什么都做

（2）客户突然取消订单，生产、出货计划被迫紧急变更，制造现场措手不及，处于生产中的物料无处可用，造成积压

（3）生产要素突生变更，生产能力波动巨大，一会儿多用，一会儿少用

采购原因

（1）没有严格按生产计划进行采购，绝大多数情况下是买多不买少

（2）供应商没有严格控制实际包装数量，合格证上的记录与实数相差较大，扰乱了配套生产计划的实施

2．对暂时不用的物料的处理措施

（1）设置物料的“暂时存放区”。可以根据日程计划的安排进行区域放置。

首先，明确不同的日程计划。大日程计划是指为期数月至数年的计划。它规定了从产品设计开始经原物料、部件采购，一直到产品制造阶段的时间。中日程计划是指关于制造日程的计划，时间多为一个月至数个月。小日程计划是指每个作业人员或机械从作业开始到结束为止的计划，时间从数日到数星期。

然后，根据日程计划进行具体的放置操作：

①只有小日程计划生产的物料才可以在暂时存放区摆放。

②虽然小日程计划里要生产，但是数量多、体积庞大或者保管条件复杂的物料则应退回物料仓库进行管理。

③不管是现场保管还是退回仓库，都必须保证其品质不会有任何劣化。

④中日程或是大日程计划里才生产的物料应该退回仓库进行管理。

（2）机种切换前将物料全部“清场”。从第一个生产工序开始，回收所有剩下的物料，包括良品和不良品。点清数量后，放入原先的包装袋（盒）中，用标签加以注明，然后拿到暂时存放区摆放。若不良品不能及时清退，良品与不良品要分开包装，不良品还得

加多加一道标志。

物料“清场”要注意以下事项：

①要特别留意修理工序上的备用剩余物料，如不仔细追问，修理人员不会主动交回这些物料。

②是否有短暂外借给其他部门的物料，如有，要设法尽快追回或约定返还日期。

③有无跌落在地面上的小物料，或是停留在设备夹缝里的物料。

④在旧物料“清场”的同时，不要派发新物料。

⑤如有残留在机器内部的物料，必须彻底排出。

（3）其他要求。需要暂时存放的物料同样也要遵守“先来先用、状态良好、数量精确”三个原则。

①用原包装盒（袋、箱）再封存起来。如果原包装盒（袋、箱）破损，可以用保鲜膜或自封胶袋处理。总之，要采取防潮、防虫、防尘等措施。

②要留意有无保质期限要求的物料，若有，则要考虑有无暂存的必要。

③如有可能，机种切换后，前一机种的不良品要立即清退给前工序。

④暂时存放的各种标志要确保醒目。

⑤下次生产需要时，要优先使用暂时存放区里的物料。

⑥封存后的物料也要定时巡查，以防不测。

知识12：生产线上物料质量问题处理

线上原料的质量问题是指在生产线上发现的原料不合格情况。线上原料的质量直接影响产品的品质，一旦出现问题必须及时处理。

1．特采批原料质量问题的处理

（1）生产线上人员发现的原料质量问题。生产线上人员发现的原料质量问题通常都是较容易发现的问题，可分为以下两种情况：

①有质量问题的原料是可以拆分的部件。可以拆分的部件通常可以由作业人员发现有问题时拆出来，并用不同颜色的箱子或筐单独存放，再由现场主管定期收集好统一退还到仓库，或送维修部门去维修，不能维修的部件最后由仓库人员提醒采购人员退回给供应商，但要特别注意在物料转移时标明物料的批号。

②有质量问题的原料是不可拆分的部件。如属不可拆分的部件，则将整个半成品或成品用不同颜色的箱子或筐存放，作为废品退到仓库，再由仓库统一按废品处理。由于仓库的来料不止一个批次，因此需要对不良的来料进行统计。

（2）PQC人员发现的质量问题。在生产线上的PQC发现的问题通常都是相对专业的品质问题。

在PQC记录的数据当中，会记录缺陷代码和计量的管制特性，通过这些数据可以分辨出哪些是原材料问题，哪些不是原材料问题。而且PQC对各种问题分析后，还会做出判定，以确定是否需要返工或全检，所以其大部分原材料的问题都应体现在作业人员手中。

2. 允收批质量问题的处理

允收批即合格的原材料，其质量问题不会对本企业产品构成直接威胁。因此，在生产线上发现的原材料质量问题相对较少。一般来说，在允收批中有质量问题也是轻微缺陷，不会构成本企业产品的严重缺陷，

允收批质量问题的处理也要填写不良记录表，以便于计算。生产线上挑出来的原材料一般是不用计算的，其线上原料不良率应以PPM计算，并且以PQC人员分析出来的结果为准。

第二节　现场物料管理实景解读

学习目标：

1. 学会制作物料先进先出宣传板，使用简洁明了的宣传语。
2. 学会制作先进先出管制看板。
3. 学会在现场设置物料存放区域，并做好标示。

实景01：物料先进先出宣传板

只有实行物料先进先出，才能保证所有物料得到充分利用，而不至于使先进的物料被浪费。

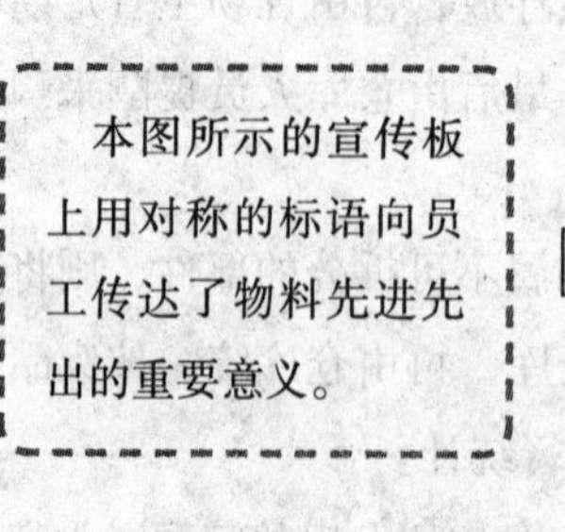

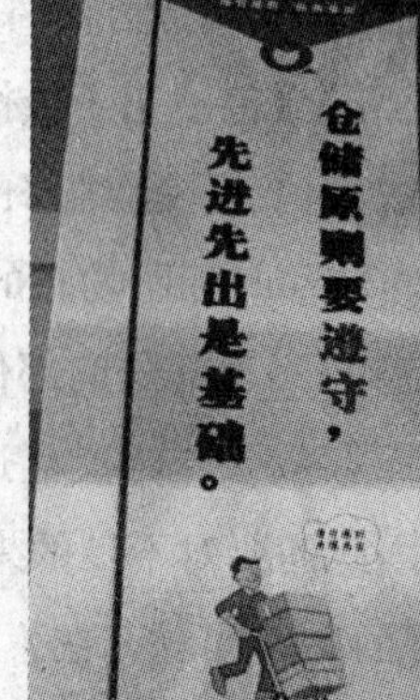

实景02：先进先出管制看板展示

生产现场的作业人员领用物料时必须按照先进先出的方式进行领用。

本图用不同的标签表明了不同月份收入仓库的物料，现场领料时应先领入库较早的物料。

实景03：来料区域标示

企业应对验收的物料划分好存放区域。

本图所示为外包来料区，表明该区域只应放置外包来料。

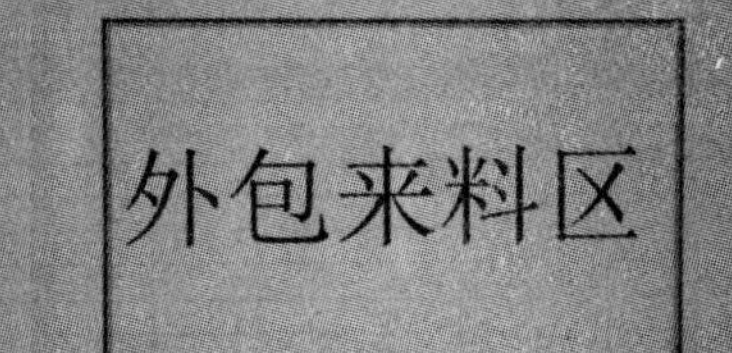

实景04：物料验收合格标示

对验收合格的物料应出示合格标示卡。

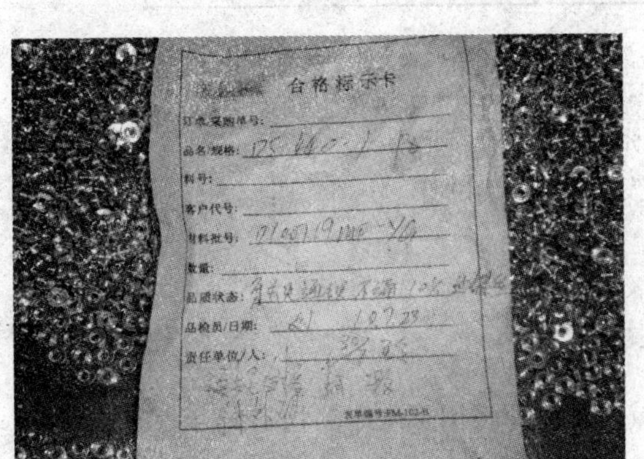

本图所示的合格标示卡详细列举了验收物料的订单号、品名、规格、料号、品检员等。

实景05：物料标示

各类物料是企业的重要资产，因此必须做好标示工作。

本图所示的物料上均有相关标示，介绍其所装物料的名称、型号、规格等。

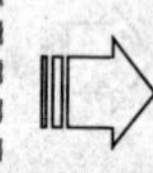

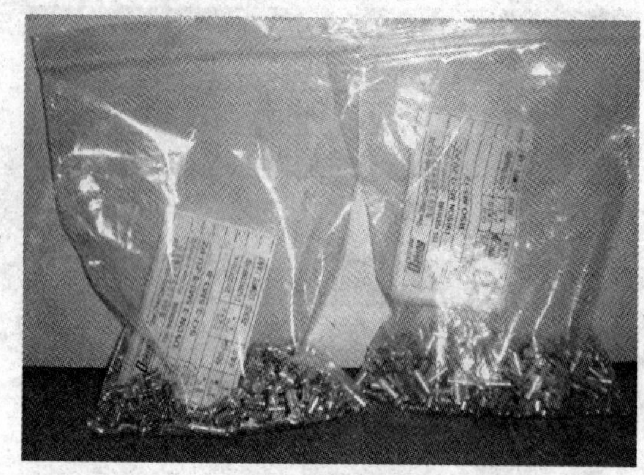

实景06：物料配发交接记录

生产现场的作业人员要领用物料，仓库发料人员必须做好记录。

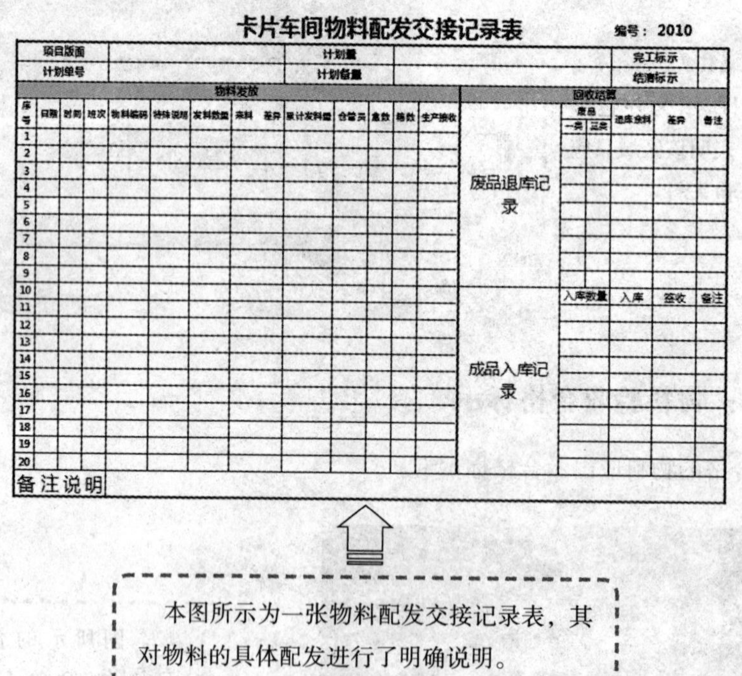

卡片车间物料配发交接记录表 编号：2010

项目版面		计划量		完工标示	
计划单号		计划余量		结清标示	

物料发放

序号	日期	时间	班次	物料编码	特殊说明	发料数量	来料	差异	累计发料量	仓管员	盒数	箱数	生产接收
1													
2													
3													
4													
5													
6													
7													
8													
9													
10													
11													
12													
13													
14													
15													
16													
17													
18													
19													
20													

回收结算

	废品		退库余料	差异	备注
	一类	二类			
废品退库记录					

	入库数量	入库	签收	备注
成品入库记录				

备注说明

本图所示为一张物料配发交接记录表，其对物料的具体配发进行了明确说明。

实景07：设置现场物料存放区域

生产现场应划出专门的物料存放区域，存放即将用于生产的物料。

本图所示为已领取到现场的物料，用不同的颜色和文字说明对物料进行了标示，方便作业人员取用。

实景08：正确摆放物料

生产现场需要用到的各类物料必须摆放整齐，以方便取用。

本图所示的物料均已标明名称、序号。

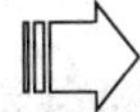

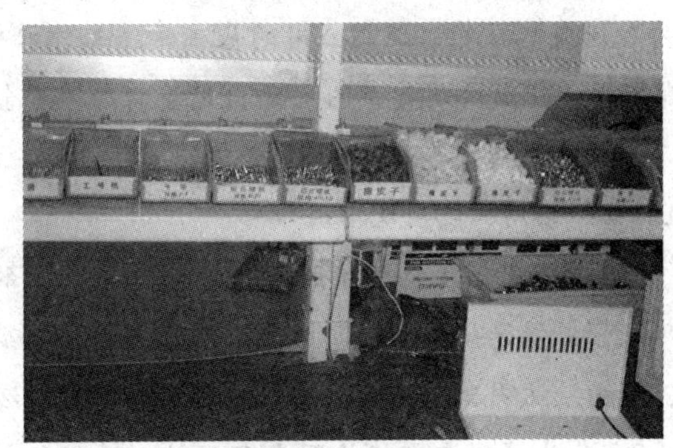

实景09：辅料存放

生产现场需要用到的各类辅料应集中存放，以方便取用。

本图所示为辅料储存柜，每个抽屉中存放一种辅料，并在抽屉外标明。

第三节 现场物料管理实战范例

学习目标：

1. 了解物料管理制度的常见样式，掌握其制定要点。
2. 学会制作现场生产物料控制规范，规范现场物料的使用。
3. 学会拟订现场物料整顿计划。

范例01：××公司物料管理制度

一、编制目的

为加强成本核算，提高公司的基础管理工作水平，进一步规范物资和成品流通、保管和控制程序，维护公司资产的安全、完整，加速资金周转，特制定本制度。

二、适用范围

1. 物料领用、使用及借用

（1）生产中领用物料按照物料计划需求表上的内容进行，领料完毕要与仓库管理员共同确认领料信息。各物料员收到物料时要在领料记录单上登记清楚物料的名称、规格、型号、数量，注明日期、领用人等内容，与各生产线班长共同确认以上物料信息并签收。

（2）各生产线要严格按照本部门计划进行领料，对无计划领用，物料员、仓管员有权不予发放物料，同时不允许多领多占物料，以免影响物料的正常使用。

（3）车间产品、物料、仪器、工具、设备外借时要在生产线借出物料清单上记录，归还时要确认完好程度。

（4）生产物料未用完的（除报废外），近期不再生产此种型号时，要将余料经确认退给车间物料员或仓库。

（5）生产线出现来料不够、不良与人为损坏的物料，如间接影响生产线的，要及时告知班长；批量超过5%及来料不够时，班长要及时告知主管、质量工程师，到现场确认并拍照反馈给供应商。不良与人为损坏的物料每天由物料员收集，给IQC判定后与仓库及时更换。

（6）如需购买生产所需物品，负责人可向部门计划主管做计划申请，填写请购单即可。

（7）成品复检机，在拆包岗位规定一人拆一箱等原则，拆完后在外箱指定位置打上自己的工号，以备追溯。

（8）OQC拿机子抽检要经过当线指定人员当面确认并在抽检往来记录表上登记。

（9）如在当批清线时发现丢失机子，折包人员没有发现少机情况，如在包装箱内找到，确认外箱工号后按照收音机20元、CD35元、DVD50元处罚折包人员；如果没有找到机子，所有参与检测人员包括班长共同按照机型原价进行赔偿。未经检验的产品不得入库。

（10）生产入库的成品，物料员应核对型号、数量、外包装标志是否正确及完好，且入库单必须有QC负责人签字证明此产品是否合格方可入库。

（11）物料员应进行经常性动态盘点，做到日清日结，保持账物相符，月尾、年中、年末应配合班长做好盘点工作。

2. 原料物资

（1）领用物料后，进入车间必须分类并摆放整齐，统一放置于固定区域，要做到既不影响生产，也能迅速拿取，避免混乱、损坏等。

（2）每个物料箱两侧必须有与箱内物料一致的标签，要有数量及领用时间。

（3）化学品物料要放置在专门的区域，避免混放在同一箱内。

（4）辅助物料要根据不同的用途放置在相应的物料盒内，处于闲置状态时要固定在专门区域。

3. 工具

（1）生产工具发放到个人，统一放置在相应的位置。

（2）测试用的工具，如万用表、电笔、恒温电烙铁等要放置在指定区域内。工具本身要带有标志，写明工具名称、保管人等。

（3）危险工具统一放置于指定区域。

（4）车间进行区域划分，各区域用明显的标志线区分。

（5）车间内所有半成品、成品、维修品、可疑物品、不合格品等要存放在指定的区域，各种状态要标示清楚，严禁产品混放、工具混用。

4. 其他

（1）物料员应严格执行公司的有关规章制度，按章办事。

（2）各线员工对自己保管的货物以及设备、工具等负有责任，如有损失，分清责任，视情节轻重，将承担相应的惩罚。

范例02：××公司物料领发管理规定

一、编制目的

规范物料领用、发放流程，使物料领发管理有章可循，特制定本制度。

二、适用范围

适用于公司内各种原材料、半成品的领用、发放作业。

三、具体内容

1. 订单用料领用规定

（1）生产部门物料人员依据生产命令单核定的数量，开具领料单，其领用数量应少于或等于生产命令单核定数量。

（2）领料单经部门主管审核后，由物料人员持单向所属仓库领用所需物料。

（3）仓管员接收领料部门的领料单，核对单据手续是否齐全，是否与生产命令单相符，符合者予以发放物料。

（4）物料交接完成后，除一联退领料部门外，其余三联仓库接收，一联自存，另外两联呈报仓库主管。

2. 超领规定

由生产部门相关人员填写超领料单，详细阐明超领原因。送相关权限人员核准。

（1）超领原因

①原不良补料（即上道工序的不良品，需追补）。

②作业不良超领（因本工序作业不良需超领的）。

③下工序超领（即下道工序超领，需本工序追加生产数量的，导致需追加领料）。

④其他原因。

（2）超领权限规定

①超领率低于1%时，由生产主管审核后可领用物料。

②超领率大于1%小于3%时，由生产主管审核后，转交物控主管审核方可领料。

③超领率大于3%时，需由总经理审核后方可领用物料。

仓管员接收手续齐全的超领单后予以发放物料。

物料交接完成后，除一联退领料部门外，其余三联仓库接收，一联自存，另外两联呈报仓库主管。

3. 相关记录

领料单。

范例03：××公司车间物料储存管理规定

一、编制目的

为切实做好物料在现场的临时放置和保管工作，防止出现丢失、损坏等浪费现象，特制定本规定，以实现现场物料的科学存储。

二、适用范围

本规定适用于生产车间于生产过程中按生产计划领用后，需临时在现场摆放的物料的存储工作。

三、具体内容

1. 现场物料的保管

（1）凡领用的贵重材料、小材料，必须在室内规划出合适的地方放置，并加锁保管，按定额发放使用。

（2）凡领用的机器、设备、钢材、木材等大宗材料，若暂时存放在生产线现场，必须堆放整齐，下垫上盖，并有专人负责。

（3）上线加工必须做到工完料净，把剩余的材料全部收回，登记入账，留作备用。

2. 现场物料的堆放

（1）最大化利用存储空间，尽量采取立体堆放方式，提高车间空间的使用率。

（2）利用机器装卸，如使用加高机等，以增加物料堆放的空间。

（3）车间的通道应有适当的宽度，并保持一定的装卸空间，保证物料搬运顺畅，同时不影响装卸物料的工作效率。

（4）不同的物料应依物料本身形状、性质和价值等考虑不同的堆放方式。

（5）遵循先进先出的原则。

（6）物料的堆放要考虑存储数量读取方便。

（7）物料的堆放应容易识别与检查，如良品、不良品、呆料和废料均应分开放置。

3. 暂时不用物料的管理

暂时不用的物料是指由于生产要素的制约或突变，本次生产活动结束后仍无法全部使用完毕的材料，包括呆料、旧料。若现场长时间放置上述物料，会造成串用、丢失、管理成本增大及浪费空间等负面效果。现场对暂时不用物料的管理措施如下：

（1）设置“暂时存放区”。在现场划出一块区域，做上标志，将所有暂时不用的物料封存好后移到该处。具体要求有以下四点：

①只有小日程（即每个作业人员或机械从作业开始到结束为止的计划，时间从数日到数星期）计划生产的材料才可以在暂时存放区摆放。

②虽然小日程计划生产需要，但是数量多、体积庞大或保管条件复杂的材料，应退回仓库管理。

③中日程（即关于制造日程的计划，时间多为一个月至数个月）或是大日程（即为期数月至数年的计划，规定了从产品设计开始到原物料、部件采购直至产品制造这一段时间）计划生产需要的材料应退回仓库管理。

④不管是现场保管还是退回仓库，都必须保证物料的质量不会有任何劣化。

（2）机种切换前将物料全部清场。从第一个生产工序开始，回收所有剩下的物料，包括良品和不良品。点清数量后，放入原先的包装袋中，用标签加以注明，然后拿到暂时存放区摆放。若不良品不能及时清退，良品和不良品要分开包装，不良品要多加一道标志。

（3）遵守“先来先用、状态良好、数量精确”三个原则

①暂时存放的物料要用原包装封存，若原包装破损，可用保鲜膜或自封胶袋处理，以防潮、防虫、防尘。

②下次生产需要时，要优先使用暂时存放区的物料。

③封存后的物料要定时巡查，以防不测。

范例04：××公司车间现场生产物料控制规范

一、编制目的

为加强生产现场物料控制，保证物料流转、标示、安全保管的有效执行，特制定本规范。

二、适用范围

本规范适用于各生产车间生产现场的物料控制。

三、具体内容

1. 物料的管理原则

（1）分区域管理与流转

①管理区域：针对硬件车间、封装车间、卡片车间等，均可划分出仓库、工序1～3的相对独立的物料管理区域。

②每个区域都承担接收物料、保管物料、使用物料、移交物料的职责。

③区域间物料的交接均通过传递窗或在指定的划线区域内进行。

④各类物料（含备料、废料）都按项目流转完毕。

⑤作废过程应在有两人以上在场的原则下进行。

⑥如果物料在生产过程中临时放置在生产区，应安全储存以保证完整性，应明确最后转移物料的保管员为责任人。

⑦敏感生产阶段前（如个人化）应进行物料数量的再确认。

⑧生产过程中不定期核对生产物料，能帮助区别和解决差异。

（2）使用物料车全程封闭式流转和保管

①物料车是物料流转和交接过程中唯一合法的运输及储存工具，生产过程中需要加锁封闭。

②物料车需要附带车内物料信息的标志牌或工序操作工艺卡。

③物料车按生产区域定位并进行唯一编号，该区域内的物料车只能装载物料转到下一个工序区域，并从下一个工序区域空车返回本区域，不得在其他区域使用（可以通行）。

④物料车内的物料在同一区域内可以转移，但是转移信息需要实时登记在与物料车相配套的记录本上。

⑤物料车钥匙的管理及使用由安全部制定管理方案。

⑥每个操作人员可以配置1～2台物料车，物料车上锁后才能离开工作岗位。

（3）物料在区域之间流转处理的岗位设定

①仓库区域：备料员、安全员。

②生产工序：工序班长、操作员、质检员、物料审计专员（安全部）。

③生产组织模式：小订单、紧急订单和试生产订单宜采用即刻流转模式；一般订单采用每两小时工序定时流转+班结模式；大数量订单采用连续生产+项目结单模式。

④生产工序内的物料处理动作：交接班的区域内物料盘点；加锁交接物料车；物料车加锁前由两人确认数量，审计专员或安全员现场加锁；物料在同一区域内转移时交接双方登记；工序班长管理未分配的物料车。

2. 岗位说明及职责范围

（1）备料员。备料员的职责是管理待生产物料及产成品的入库工作，包括进行余料和废品交接。根据生产日作业计划对待生产的物料提前进行整理，入物料车，在生产前进行首工序配料上线。

（2）工序组长。工序组长的职责是在生产工序区域内部负责物料管理（包括与其他工段的物料交接、内部物料发放、记录填写）的工作。

（3）值班主管。值班主管的职责是在车间主管不在场的情况下，负责整个车间的物料管理工作，在生产环节中对物料交接表格的填写进行核查，督促工序组长严格按物料管理要求进行物料管理及跨工段的补卡工作。

（4）车间主管。车间主管的职责是负责整个车间的物料管理工作，并对车间现场物料管理及管理效果负责。每日检查下属的物料管理工作，并在日报表中记录检查的结果，对异常情况（如卡片丢失、物料使用错误等）及时处理和通报。

（5）物料审计专员（安全部）。物料审计专员的职责是生产过程中物料交接环节及物料存储环节进行有效的监督检查工作，管理区域内物料车的正常使用和车锁情况，并根据生产数据实时进行K3系统录入。

（6）安全员。安全员的职责是基于SAS控制原则，在来料入库环节、仓库备料环节和成品发货环节参与并监督过程，管理区域内物料车的正常使用和车锁情况。根据生产过程中所填写的物料使用情况记录，定期对各工序在线物料进行核查。参与不良品卡片销毁过程。

3. 物料管理规定

在物料的领取、生产过程中及生产结束等情况下，不允许违反下列条款：

（1）领取物料时，交接双方要有刷卡确认数量的动作。

（2）卡片交接后，按规定填写记录表格，记录表格填写的数据与实际物料不能有差异。

（3）生产过程中按规定领取备卡，不允许不填写或填写错误的记录。

（4）当人员离开物料时，物料要及时放入带锁的物料车中且物料车必须上锁。

（5）生产结束后，物料车按要求放置（不允许摆放在人员通道或其他非生产作业区域）。

（6）在存储的物料车上清晰地填写物料标识卡，标识卡填写的内容与实际物料不允许存在差异。

（7）生产结束后，当班出现物料差异的，按安全管理相关规定进行处罚。

4. 附表

（1）不良品入库记录表。

（2）工序物料收发及交接记录表。

（3）物料车标示卡。

（4）卡片车间物料配发交接记录表。

范例05：××公司车间物料、现场整理整顿计划

一、主旨

1. 优化现场工作环境，降低物耗，使物料供应能有效地为交期服务。

2. 秉持公平、公正、公开的原则，促进制度合理化。

3. 提高现场管理水平。

二、主要内容

1. 生产各功能区域划分及管理者、责任人。

2. 已结单呆料的统一放置、保管、状态、标示。

3. 未结单暂不生产物料的统一放置及管理。

4. 物料托板摆放的统一性。

5. 各产品所需工作台的数据及摆放。

6. 组长、装运工的职能。

7. 奖罚措施。

三、推动细则

1. 领班应对本班组的区域进行功能性的划分。

成型车间：作业区、成品区、物料周转区、不良品区、废品区、呆滞物料放置区。

喷粉车间：作业区、不良品区、不良品返修区、物料周转区、待检区、退漆存放区。

组装车间：作业区、不良品区、物料区、物料周转区、待检区等。

制管车间：作业区、不良品区、报废区、物料区、物料周转区。

2. 各责任区应明确管理者及责任人。

3. 所有已结单的呆滞物料统一放在待料区，摆放应整齐，数据应明确，状态清晰。

4. 所有的未结单暂不生产的物料应统一放置在统一地点，并盘出成品数、半成品数、不良品数、返修品数，将数据提供给计划员和当班的主管各一份，并且必须对数据的准确性负全部责任。数量不够的应及时进行超领。

5. 物料摆放在托板上的数据必须统一，同一种部件叠放在托板的数据不允许出现不同（收尾阶段或最后一个托板除外），且白班、夜班的叠放也应该统一。

6. 各班所需工作台的数量必须依照产品的类别定置下来，多余的工作台应统一放置，并要叠放好，以免浪费不必要的空间。

7. 组长、转运工：组长必须督导员工作业过程中物料的规范摆放，对于物料掉地、乱扔必须及时制止和教导；转运工必须对整个班组物料摆放空间进行规划，对进出的物料、不良品、返修品、报废品数据准确地把握，并将各种数据及时有效地反馈给领班，让领班做相对应的调整。

8. 班组任何成员必须依上述规定进行操作，如有违反，将视情节的严重性处以10～100元的罚款，更有甚者将免职。

本章回顾

学习心得：

1. ____________________

2. ____________________

3. ____________________

4. ____________________

5. ____________________

序号	员工难处	解决方法

第四章

怎样进行现场事务管理

Q：生产计划的协调工作非常重要，应怎样进行具体的协调工作呢？

A：生产计划的协调主要包括协调月生产计划与月出货计划以及周出货计划与周生产计划两大方面，两方面都要做好。

Q：怎样进行现场派工？

A：正确的现场派工有利于圆满地完成生产工作。进行现场派工可以采取多种方法，如标准派工法、定期派工法、临时派工法等，当然，这要根据生产的具体情况进行安排。

Q：应怎样做好生产进度的控制？

A：只有控制好生产进度，才能准确地生产出需要的产品。可以使用多种多样的方法，如现场观察法、使用一日作业进度表、做好数字记录、使用生产进度管理箱等，同时要做好生产进度落后的改善工作。

备注：Q是指Question，是一位新任职的现场主管在提问。

A是指Answer，是一位具有丰富管理经验的现场主管在回答问题，并通过回答带领新主管进入本章内容的学习。

第一节　现场事务管理基础知识

学习目标：

1. 了解生产计划的内容，学会拟订生产计划。
2. 学会控制现场生产进度，掌握各种必要的方法。
3. 了解现场生产异常的情况，学会对异常状况的处理要点。

知识01：现场生产计划的拟订

拟订详细、准确的生产计划是保证生产交期和提高生产效率的前提条件。现场管理者要结合生产的实际规模、订单的多少合理安排生产计划。

1. 确定计划生产量

生产量的确定可通过以下公式计算：

生产计划量=该期间销售计划量＋期末产品库存计划量＋期初产品库存量

其中：

销售计划量是以市场需求预测为基础，由销售部门考虑相关因素所计划的量。

期末产品库存计划量是为防备下期的需要而预先准备的量。

期初产品库存量是在该期间之前已经存在的库存量。

2. 拟订生产计划前分析

拟订计划前，必须对生产能力进行分析，以确定具体的人力、物力分配。

（1）生产能力分析。生产能力分析的内容如下所示。

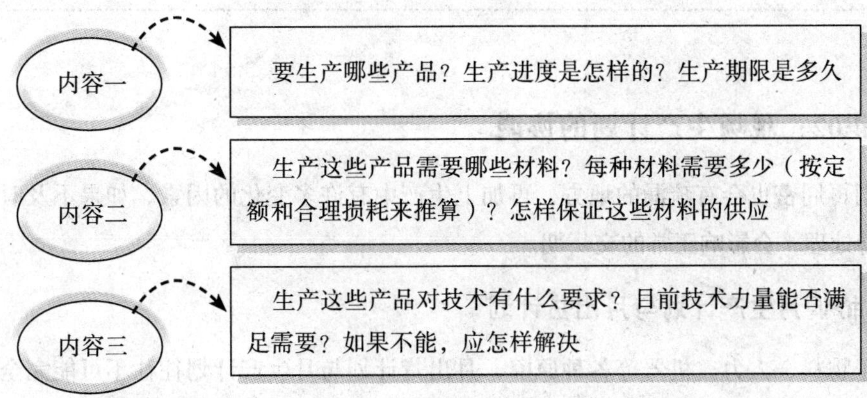

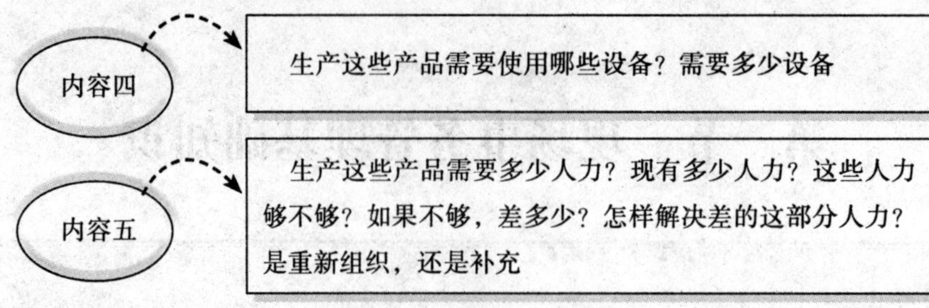

（2）技术能力分析。对技术能力的分析可通过制定一些表格、设定栏目来进行。

（3）人力负荷分析。人力负荷分析的内容如下所示。

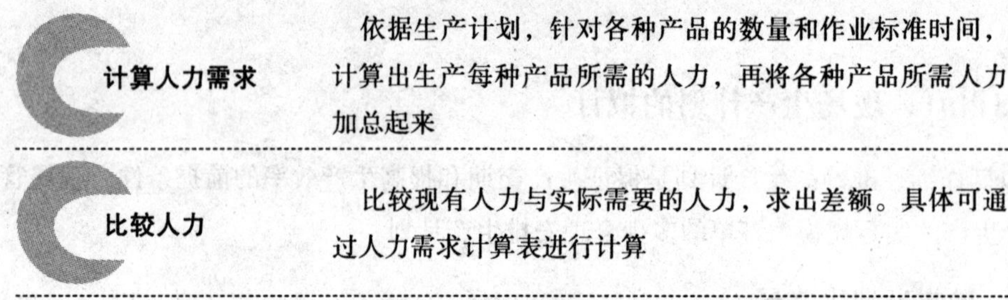

3. 拟订具体计划

在进行相关的人力负荷分析后，就要着手拟订具体的计划。根据时间长短，应分别拟订月生产计划、周生产计划。日生产计划可由各现场主管人员根据周生产计划拟订。

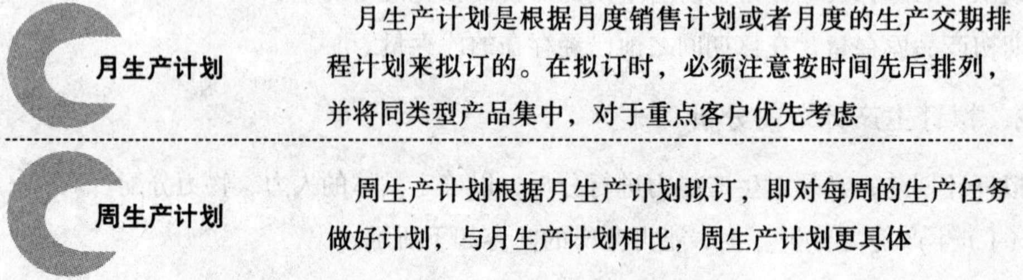

知识02：现场生产计划的协调

计划再周密也会有疏漏的地方，再加上生产中有许多变化的因素，如果不及时进行协调，妥善处理，会影响正常的交货期。

1. 协调月生产计划与月出货计划

由于物料、人力、机器等各种原因，月出货计划与月生产计划往往不可能完全一致。

为确保生产计划的按时进行，并符合客户的要求，两者应从以下几个方面进行协调：

（1）出哪些订单：当订单数量超过生产能力时，根据轻重缓急协调出哪些订单。

（2）出哪些客户的订货：哪些是重点客户，哪些是一般客户，哪些客户可以协调。

（3）出哪些产品：选择出哪些产品最有利。

（4）产品的数量：产品数量出多少有利于生产的安排。

（5）总数量是多少。

（6）根据以往的情况，保留适当的时间余地，以利于处理紧急加单。

2. 协调月出货计划与周生产计划

周生产计划是生产的具体执行计划，其准确性应非常高；否则，无充裕的时间进行修正和调整。周生产计划应在月生产计划和周出货计划基础上进行充分协调，应考虑以下因素：

（1）人力负荷是否可以充分支持，如果不能，加班、倒班是否可以解决。

（2）机器、设备是否准备好，其产能是否能达到预定产能，若人力或机器无法达到要求，发外包是否可以解决。

（3）物料是否已到位，若未到位，是否完全有把握在规定的时间到位。

（4）工艺流程是否有问题，若有问题，能否在规定时间内解决。

专家点拨：

生产计划的协调对生产工作的顺利进行具有非常重要的意义，如果协调不良，很容易影响生产进度，难以按时向客户交货。

知识03：现场生产计划延误的处理

由于出现急单、物料供应落后、机器故障等情形，经常导致现场的生产计划出现延误。计划如果有延误的预兆，交货期就会受到影响。所以，必须掌握现场的具体生产情形并及时补救，具体处理流程如下所示。

查看延误

现场主管人员必须随时对生产线进行巡查，及时发现各种导致计划延误的情形。可以查看各班组的生产任务看板，从具体的数据进行分析；也可以对现场的设备、物料供应、作业形式等仔细进行检查，以确定是否有出现延误的征兆

公布延误	每天工作结束后，现场主管人员要总结当天的生产数量，将出现的延误记录下来，公布在现场的看板上，并注明延误的原因。在次日的早会上告知每一个作业人员，并说明解决措施
采取补救措施	针对生产计划的延误情形，通常在查明原因后，除了检修设备、及时供料外，对数量的延误要拟订具体的补救计划，一般通过加班的方法进行补救

知识04：现场派工

企业生产派工根据车间、工段的生产类型不同，有不同的方式，通常来说包括标准派工法、定期派工法和临时派工法三种。

1. 标准派工法

（1）适用范围。在大量大批生产的工段、班组内，每一个车间和每一个员工执行的工序比较少，而且是固定重复的。在这种情况下，生产派工可以通过编制标准计划的方式来实现。

（2）标准计划。标准计划又称为标准指标图表，它是把制品在各个车间上加工的次序、期限和数量等全部制成标准，并固定下来。这实际上就是把派工工作标准化了。

有了标准计划，现场主管人员就可指导各车间的日常生产活动，而不必再经常地分派生产任务。当月产量任务有调整时，派工的任务主要是对每日产量任务做适当调整。

2. 定期派工法

定期派工法适用于成批生产和比较稳定的单件、小批量生产车间，以便在较短的时期内（旬、周、五日等）定期地为每个车间分派工作任务。

（1）在派工时，现场主管人员要保证重点，分清轻重缓急。

（2）既要保证关键零件的加工进度，又要注意关键设备的充分负荷。

（3）工作的分派要注意适合设备的特点以及操作工人的技术特长。

3. 临时派工法

临时派工法适用于单件、小批量生产的车间。在这类车间里，车间担负的制品和工序很杂，干扰因素很多，定期安排计划的派工方式不仅工作量很大，而且难以切合实际。因而，一般采用临时派工法。

这种方法的特点是根据生产任务、准备工作的情况及各车间的负荷情况，随时把任务下达给车间。现场主管人员采用临时派工法时，要随时了解各个车间的任务分配情况、准备情况和工作进度。

知识05：现场生产进度控制

1．现场生产进度控制方法

生产进度控制对现场的顺利生产具有非常重要的作用，具体可以通过以下方法来控制生产进度。

（1）现场观察法。现场观察法是指在现场观看作业状况、核对进度的方法。这种方法特别适合个别订货型（多种小量）的生产。

生产进度落后，是许多企业生产作业管理的通病。因此，准确掌握进度情况也就成为生产现场巡视的主要内容之一。但如果想通过现场巡视发现生产落后的问题，巡视者需要对生产进度十分了解，对生产工序非常熟悉。

现场观察法如下所示。

要熟知产品及其零部件	现场主管人员应当一看到生产线上的半成品或零部件就知道是哪一个订单的产品，或者是哪一个型号的产品；否则，就无法判断各车间、班组是否按计划在进行生产
要了解产品的生产工艺	了解产品的生产工艺，可以更好地在巡视过程中发现问题。例如，有无下工序急着要的零部件，上工序已经生产出来却迟迟未见交出等现象。了解生产工艺，可以对各工序的生产平衡状况进行评价，进而发现问题、解决问题
要从产品一上线就进行巡视	每一款产品刚上生产线或刚进行开料时，要及时进行跟踪巡视，以便于准确跟踪进度。因为从开料时进行跟进，零部件少，便于认识产品，若中途才去巡视，生产已经在各工序全面铺开，在制品及零部件较多，很难辨认

（2）使用一日作业进度表。整批次的生产期间在一日以上，且产品具有统一性及反复性，便可利用一日作业进度表，将每小时的实绩数与计划数进行对照，以便及时采取对策。这一方法适合多品种整批量计划生产型的企业或整批订货生产型的企业。

（3）使用生产进度管理箱。这是一个有60个小格的敞口箱子，每一个小格代表一个日期。每行的左边三格放生产指令单，右边三格放领料单，例如，某月1日的指令单放在左边1所指的格子里，则领料单放在右边1所指的格子里。这样放置之后，抬头一看，如果有过期没有处理的，就说明进度落后了，应赶快想办法。

1	11	21	1	11	21
2	12	22	2	12	22
3	13	23	3	13	23
4	14	24	4	14	24
5	15	25	5	15	25
6	16	26	6	16	26
7	17	27	7	17	27
8	18	28	8	18	28
9	19	29	9	19	29
10	20	30	10	20	30

2. 现场生产进度落后改善措施

（1）生产进度落后原因分析。通过生产进度跟踪表、生产进度控制箱，现场主管人员可以了解生产进度是否落后。如果进度落后，应对落后原因进行分析。落后原因应从待料、订单更改效率低、人力不足、设备故障等方面进行分析。

（2）事前防范：合理安排工作日程。在安排工作日程时，要充分考虑以下因素：

①交货期：交货期靠前的，应优先安排。

②客户：重要客户优先安排，重点管理。

③瓶颈：通过协调，克服流程瓶颈，防止生产线阻滞。

④工序：考虑工序多少，在时间上合理分配。

（3）事中改进措施。针对生产进度落后分析原因，制定相应的解决措施，例如：

①协调进料，保证不待料。

②做好订单管理，减少突发性更改。

③提高作业效率。

④延长工作时间或增加人力。

⑤协调出货计划。

⑥加强设备保养或增加瓶颈环节的设备。

⑦通过协调，减少紧急订单的追加。

知识06：现场生产异常处理

1. 生产计划异常处理

生产计划异常处理的内容如下：

（1）根据计划调整，做出迅速、合理的工作安排，保证生产效率，使总产量保持不变。

（2）安排因计划调整而余留的成品、半成品、原物料的盘点、入库、清退等处理工作。

（3）安排因计划调整而闲置的人员做前加工或原产品生产等工作。

（4）安排人员以最快速度做计划更换的物料、设备等准备工作。

（5）利用计划调整时间做必要的教育培训。

（6）其他有利于效率提高或减少损失的做法。

2．生产物料异常处理

生产物料异常处理内容如下：

（1）接到生产计划后，现场主管人员应立即确认物料状况，查验有无短缺。

（2）随时进行各种物料的信息掌控，反馈给相关部门，以避免异常事故的发生。

（3）物料即将告缺前，用警示灯、电话或书面形式将物料信息反馈给采购、物资、生产部门。

（4）物料告缺前确认物料何时可以续上。

（5）如物料属短暂断料，可安排闲置人员做前加工、整理、整顿或其他零星工作。

（6）如物料断料时间较长，可安排人员做教育培训，或与生产部协调做计划变更，安排生产其他产品。

3．生产设备异常处理

生产设备异常处理的内容如下：

（1）做好日常设备保养工作，避免设备异常的发生。

（2）发生设备异常时，立即通知技术部门协助排除故障。

（3）安排闲置人员做整理、整顿或前加工工作。

（4）如设备故障不易排除，需较长时间，应与生产部门协调，另作安排。

4．制程品质异常处理

制程品质异常处理的内容如下：

（1）对有品质不良记录的产品，应在产前做好重点管理。

（2）发生异常时，迅速用警示灯、电话或其他方式通知品质部及相关部门。

（3）协助品质部一起研讨对策。

（4）配合临时对策的实施，以确保生产任务的完成。

（5）对策实施前，可安排闲置人员做前加工或整理、整顿工作。

（6）异常确属暂时无法排除时，应与生产部门协调做生产变更。

5. 水电异常状况处理

水电异常状况处理的内容如下：

（1）迅速采取降低损失的措施。

（2）迅速通知技术部门加以处理。

（3）作业人员可做其他工作安排。

专家点拨：

现场生产过程中很可能发生异常状况，现场人员在遇到异常状况时不要惊慌，要及时、准确找出异常状况的具体情况，确认其发生的地点、原因，以便能够顺利处理。

知识07：交货期管理

1. 尽量缩短交货期

为了尽量满足交货期的要求，可以采取下列方法缩短交货期，以便协调好不同订单的生产。

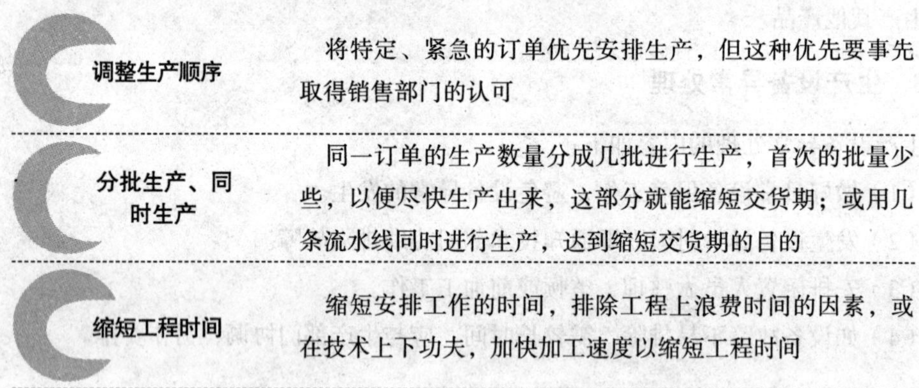

调整生产顺序	将特定、紧急的订单优先安排生产，但这种优先要事先取得销售部门的认可
分批生产、同时生产	同一订单的生产数量分成几批进行生产，首次的批量少些，以便尽快生产出来，这部分就能缩短交货期；或用几条流水线同时进行生产，达到缩短交货期的目的
缩短工程时间	缩短安排工作的时间，排除工程上浪费时间的因素，或在技术上下功夫，加快加工速度以缩短工程时间

2. 处理交货期变更

如果订单客户由于特殊原因要更改交货期，现场主管人员要及时与相关人员进行沟通，并及时调整生产，尽量保证交货期。

（1）调整进度。根据客户的交货期调整生产的进度，具体应发出进度修订通知单，调整生产计划。

（2）安排生产。如果交货期提前，要耐心向现场人员说明，并安排加班，对于不急、不重要的订单实施外包。如果交货期延后，则可以调整生产计划，将其他订单优先生产，但必须保证调整后的订单能按期交货。

3．处理交货期延误

交货期延误并不仅仅是生产的原因，采购、品质、物料等方面的其他原因也可能导致产品生产延误，影响交货期。对已经延误交货期的情形应采取以下补救方法：

（1）在知道要误期时，先与不急、不重要的订单对换生产日期。

（2）延长作业时间（如加班、休息日上班、两班制、三班制等）。

（3）分批生产，被分出来的部分就能挽回延误的时间。

（4）同时使用多条流水线生产。

（5）请求销售、后勤等其他部门的支援，这样等于增加了作业时间。

（6）外包给其他企业生产一部分。

知识08：现场目视管理

实施目视管理，就是将管理方法、内容全部展示出来，做到一目了然。

1．目视管理的对象

构成企业的全部要素都是目视管理的对象。如服务、产品、半成品、原材料、零配件、设备、工艺装备、夹具、模具、计量器具、搬运工具、货架、通道、场所、方法、票据、标准、公告物、人、心情等。

2．目视管理常用工具

（1）看板。这里所指的看板是在5S的看板作战（目视管理）中所使用的看板，其目的是让每个人看了就知道是什么东西，在什么地方，有多少数量。

（2）红牌。这里所指的红牌是在5S的红牌作战（整理）中所使用的红牌，其将日常生产活动中不要的东西当作改善点，让每个人都能看清楚。

（3）信号灯。生产第一线的管理人员必须随时了解作业者和机器是否在正常开动及作业，信号灯是工序内发生异常时用于通知管理人员的工具。信号灯按作用不同可分为以下几种：

发音信号灯

它适用于物料请求通知。当工序内物料用完时，该工序的信号灯亮起，扩音器马上通知搬送人员供应

异常信号灯

异常信号灯是让管理监督者随时看出工程中异常情形的工具。除了通知异常情形的警示灯外，还有显示作业进度的异常信号灯，以及运转中知道机械是否发生故障的异常信号灯，请求供应零件的警示灯

运转指示灯

显示设备运转状态。显示机器、设备的开动、转换、停止状况，停止时还显示停止原因

进度灯

多见于组装生产线（手动线或半自动线），各工序之间间隔为1～2分钟的场合，用于组装节拍的控制，以保证产量。进度灯一般分10等，一一对应作业步骤和顺序，标准化程度要求较高

（4）错误防止板。自行注意并消除错误的自主管理板。从后段工序接收不良品及错误的消息，作业本身再加上“○”“×”“△”等符号。

错误防止板一般用纵轴表示时间，横轴表示日期，纵轴的时间间隔通常为1小时，一天用八个时段区分。每一个时间段记录正常、不良品及次品的情况，让作业者自己记录。

（5）操作流程图。将工程配置及作业步骤以图表示，使人一目了然。单独使用标准作业表的情形较少，一般都是将人、机器、工作组合起来的操作流程图。

（6）警示线。在仓库或其他物品放置场所表示最大或最小的在库量。

（7）错误演示板。一般结合现场和帕累托图表示，让现场人员明白其不良现象和后果。一般放在显著位置，让人一眼便能看到。

（8）管理板。通常管理板本身是一块由木板、塑胶板或压力板所构成的实物。其尺寸、形状依场所、用途不同而不同。板面可涂以各种颜色，以增强美观及分类的效果。管理板上可张贴各种公告、报表、作业指标、重点标准等，对于5S而言，多少也扮演“整顿”的角色。顾名思义，管理板主要用于管理，但其在制作、设置场所张贴时需注意以下要点：

①管理板应尽可能靠近作业人员，不要放得太高，而且设置场所要注意安全；当作业人员进行工作时，看到管理板应立刻能明白内容，不忘重点，且能遵守标准。

②当管理者、监督者巡查工作时，通过与管理板进行比较，短时间内便能了解作业人员是否遵守标准，即不管是谁都清楚现状是否“脱离标准”。

③管理板上的文件以一页为原则，内容要简化，最好采用数字、图解的方式，字号不要太小，且易看懂。为了保存及避免弄脏，管理板上的文件最好放入塑料封套内。企业要塑造能“目视管理”的工作场所，下功夫防止失误的发生，以便能立刻辨别异常，提高生产效率。

知识09：现场看板管理

看板管理是将希望管理的项目（信息）通过各类管理板揭示出来，使管理状况众人皆知的管理方法。

1. 看板使用规则

（1）后工序到前工序取货。实施看板管理，必须使后工序在必要的时候到前工序领取必要数量的零部件，以防止产需脱节而生产不必要的产品。为确保这条规则的实行，后工序还必须遵守下面三条具体规定：

①禁止不带看板领取部件。

②禁止取超过看板规定数量的部件。

③实物必须附有看板。

（2）次品不交给下道工序。上道工序必须为下道工序生产100%的合格品。

如果发现次品，必须立即停止生产，查明原因，采取措施，防止再次发生，以保证产品质量，避免生产中的浪费。

（3）前工序只生产后工序所领取的数量。即各工序只能按照后工序的要求进行生产，不生产超过看板所规定数量的产品，以避免过量生产和控制合理库存，彻底排除无效劳动。

（4）进行均衡化生产。均衡生产是看板管理的基础，实施看板管理，只对最终总装配线下达生产数量指令，因而其担负生产均衡化的责任更大。

（5）必须使生产工序合理化、设备稳定化。为了保证工序供应100%的合格品，必须实行作业的标准化、合理化和设备的稳定化，消除在作业方法和时间等方面的无效劳动，提高生产效率。

（6）必须根据看板进行微调。由于各工序的生产能力和产品合格率高低不同，为了适应后工序订货的要求，必须在允许范围内进行微调，即适当增加或减小产量，并且尽量不给前工序造成很大的波动而影响均衡生产。

2. 看板的编制设计要点

编制看板是实施看板管理的首要环节，看板的编制设计效果直接影响看板管理的顺利实施。编制看板时要注意以下几点：

看板是“目视管理”的工具，所编制的看板按产品、用途、种类、存放场所不同，选择使用不同的颜色或标志，使正、反面都能容易看出，易于识别

容易制造

实施看板管理，看板用量大，编制看板时要充分注意制造的相关问题，使其易于制造

容易处理

所编制的看板在应用看板管理的过程中应该方便保管和管理，同时便于问题的处理

同实物相适应

在实施看板管理的过程中，看板要随零部件实物一起传送，因而编制的看板应采用插入或悬挂等形式，容易与实物相适应，方便运行

坚固耐用

看板在整个运行过程中要与实物一起随现场传递运送，因而所编制的看板应该耐油污、耐磨损，尤其是循环使用的看板，更要坚固耐用

知识10：现场生产成本控制

1. 开展节能降耗活动

开展节能降耗活动的目的在于严格控制各项能源成本。节能降耗活动可以从以下几个方面着手：

（1）可以在企业范围内开展“节能降耗，从我做起”的活动。活动以“从我做起，节约一滴水，节约一度电”为主题，要求广大员工在生产或生活中注意节能降耗。

（2）经常开展有关节能的竞赛与评比活动，使其成为一种风气并长久保持下去。一个企业的风气对企业的成长与发展至关重要，只有形成一种“人人争节能，以企业为家”的思想，才能使企业获得长远发展。

（3）车间可成立技术革新小组，集思广益，节能降耗。

（4）垃圾分类（化工类、塑料类、纸张类等）存放，设立环保纸箱，申领消耗品、文具等实行以旧换新制度。

（5）节约用水、用电。贴出节约用水、用电的提示，将电源开关标上记号，避免开错开关乱用电，空调设定合适的温度指标和时段。

2. 开展以旧换新、修旧利废活动

以旧换新、修旧利废活动也是节约能源的一个好办法，活动内容如下所示。

以旧换新

为使以旧换新能更好地执行，最好制定以旧换新制度，确定以旧换新的物品范围、责任人员、标准、工作流程及不执行的处罚规定。同时，可将以旧换新项目明细用看板的形式公示出来

修旧利废

修旧利废活动是加强企业管理、减少浪费、降低成本费用的有效途径。企业要鼓励各车间自主创新，修旧利废，小改小革，并做好记录。同时，为使这项工作有持续性，要制定相应的实施细则，确定修旧利废管理标准的职责、内容、要求及奖励与考核标准

3．采用先进技术节约能源

采用先进技术可以有效地节约能源，具体措施如下所示。

节约用水

（1）在保证能将污物冲净的前提下，做好蒸汽冷凝水的回收工作

（2）采用磁芯快开水嘴或感应器控制的节能式水龙头或混水器

节约用电

（1）采用高效的节能灯代替白炽灯泡

（2）采用光控技术和时钟继电器控制室外照明灯的开闭

节约天然气

（1）调整好锅炉的气门和风门，使其处于最佳燃烧状态，降低天然气的消耗量

（2）调整好灶台的风、气配比，减少天然气浪费

4．降低设备维护成本

设备维护成本占据着企业成本的很大一块，降低成本的措施如下所示。

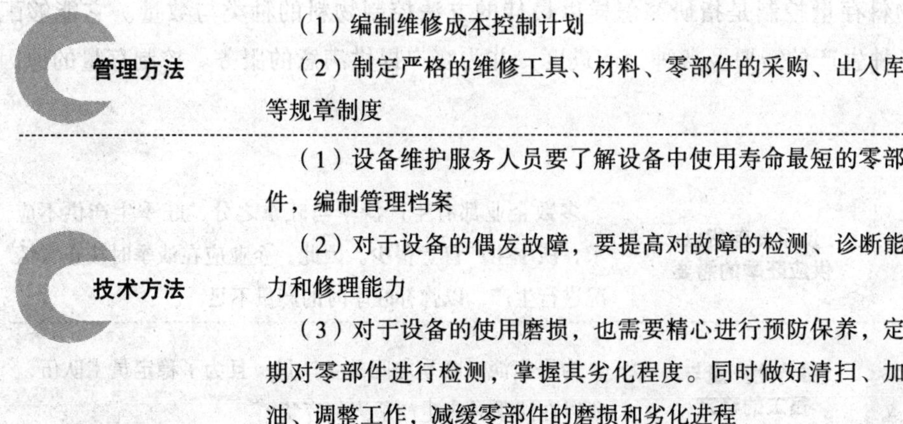

管理方法

（1）编制维修成本控制计划

（2）制定严格的维修工具、材料、零部件的采购、出入库等规章制度

技术方法

（1）设备维护服务人员要了解设备中使用寿命最短的零部件，编制管理档案

（2）对于设备的偶发故障，要提高对故障的检测、诊断能力和修理能力

（3）对于设备的使用磨损，也需要精心进行预防保养，定期对零部件进行检测，掌握其劣化程度。同时做好清扫、加油、调整工作，减缓零部件的磨损和劣化进程

5. 控制物料消耗

物料消耗是成本的重要部分，因而要严格控制物料消耗。控制物料消耗的做法如下：

（1）改进产品设计，采用先进工艺。产品设计的合理性关系到生产过程中物料消耗数量的多少。

（2）实行限额发料制度。消耗定额是指在一定的生产技术条件下，生产单位产品或零件需要耗费的物料数量。它既是确定物料费用计划指标的基础，又是对物料消耗进行日常控制的主要依据。

（3）控制运输和储存过程中的物料损耗。财务部门应配合有关部门制定途耗定额，并严格执行物料验收制度。

6. 降低物料使用成本

物料成本管理即针对企业生产活动所需的物料，加以计划性的准备，并进行协调及控制，以达到最经济、迅速的目的。一般在制造业中，可将物料成本分为直接物料成本与间接物料成本两种进行分析。可通过以下几个方面来降低物料使用成本：

（1）拟订有效、合理的物料计划。从物料分析和物料购销上拟订合理的物料计划，能间接起到降低成本的功效。

（2）通过降低物料库存降低物料成本。降低物料库存使得物料和资金周转率提高，减少资金积压，其利用率就会提高。

（3）防止停工待料事件的发生。做好物料分析、订购等每个环节的工作，防止停工待料事件的发生。

（4）正确选材，合理下料，是降低物料使用成本的重要途径之一。

7. 控制物料存量

物料存量控制是指研究怎样以最佳的方法控制物料的种类与数量。它能够配合企业内各种生产的需要及各种生产进度，并为客户提供满意的服务。控制存量的原因如下所示。

淡季多存货以供应旺季的需要

多数企业都有生产淡季与旺季之分，旺季生产供不应求，淡季生产订货很少。因此，企业应在淡季时按正常情况进行生产，以弥补旺季时的产量不足

维持生产量与员工的稳定

为平衡淡、旺季之间的生产量，且为了稳定员工队伍，所以在淡季时应生产适当的存货

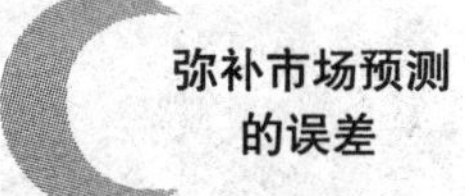

市场预测与实际情况会有一定的误差，为弥补该误差，应适当保持存量

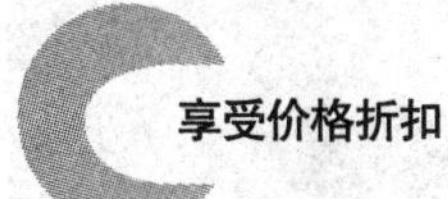

往往大批量订货时供应商会给予一定的折扣，因此，为享受这一折扣，会加大订量。现场生产工作一定要注意控制好成本，因为过高的成本会影响企业的最终销售收益和利润，因此，现场各级人员都要树立成本意识，并做好成本控制工作

第二节　现场事务管理实景解读

学习目标：

1. 学会制作现场生产目标看板。
2. 学会设计现场规范化宣传栏，并罗列必要的内容。
3. 学会对流水线区域进行标示。

实景01：生产部标示

在大多数企业中，生产部是主管现场生产工作的主要部门。

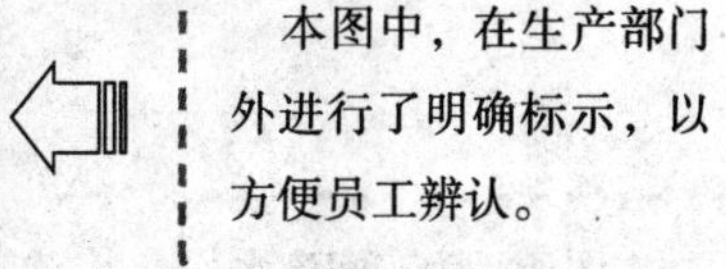

实景02：现场作业宣传标示

生产现场应当悬挂相关标志，宣传企业生产理念。

本图所示为“没有执行力就没有竞争力”，提醒员工注意加强执行力。

实景03：包装区域标示

生产现场的各处区域都应做好标示，如包装区等。

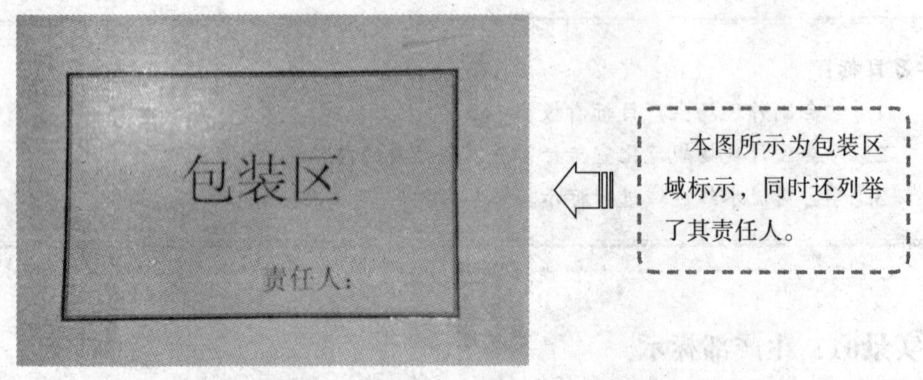

本图所示为包装区域标示，同时还列举了其责任人。

实景04：流水线区域标示

生产现场可能有多个车间、多条流水线，因此，应做好标示，防止辨认错误。

本图所示为车间流水Ⅱ区，表示非该区域生产人员未经允许不应进入该区域。

实景05：现场作业警示

在现场作业过程中，应在作业场所张贴现场作业警示，以维持现场生产秩序。

本图所示为“生产之中，闲人免入”，防止无关人员进入。

实景06：库存管理看板展示

库存管理看板是生产现场必不可少的看板。

本图所示为仓库库存管理看板，通过该看板，现场管理人员可以清楚地了解具体库存情况。

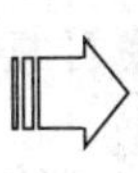

实景07：现场作业看板展示

通过现场展示作业看板，方便员工按照看板开展工作。

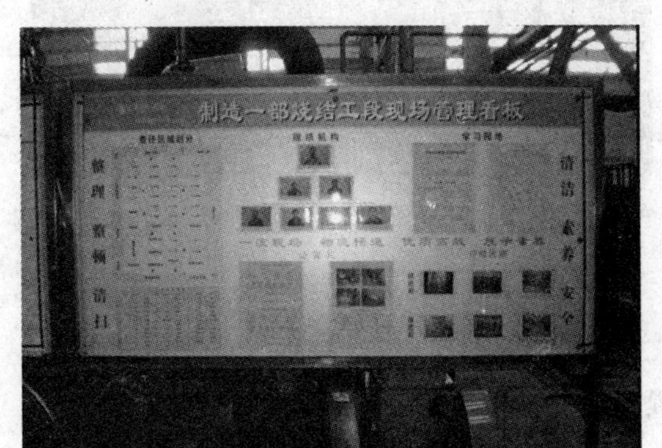

本图所示为“制造一部”的现场管理看板，该看板记录了该现场的各项知识，方便员工学习。

实景08：生产进度信息统计

生产现场应设置生产进度信息统计看板，有助于提高生产效率。

本图所示的看板为电子看板，通过其可以对现场的生产进度进行实时控制。

实景09：工作改善计划及实施进度跟踪看板

生产现场应督促员工拟订工作改善计划，并对改善进度进行跟踪。

通过本看板，可以列举具体改善项目，督促员工进行改善提案。

实景10：成本意识宣传

通过张贴相关宣传画，提醒员工多提方案，以降低成本。

本图所示用简洁的两句话揭示了成本与创新的关系。

实景11：节能展示

节能是节省成本的重要部分。

本图所示在开关上贴一张提示图，提示员工按正确方法旋转开关，以避免乱扭导致能源浪费。

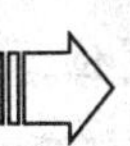

第三节　现场事务管理实战范例

学习目标：

1. 了解生产部门年度生产计划的常见样式，并学会自行制定。
2. 了解流水线管理制度的常见样式，掌握流水线管理的常见程序。
3. 学会制定生产进度跟踪程序。

范例01：××公司生产部年度工作计划

为了贯彻落实“安全第一，预防为主，综合治理”的方针，强化安全生产目标管理，结合公司实际，特拟订2012年安全生产工作计划，将安全生产工作纳入重要议事日程，警钟长鸣，常抓不懈。

一、全年目标

全年实现无死亡，无重伤，无重大生产设备事故，无重大事故隐患，工伤事故发生率低于公司规定指标，综合粉尘浓度合格率达80%以上。

二、指导思想

要以公司对2012年安全生产目标管理责任为指导，以公司安全工作管理制度为标准，以安全工作总方针“安全第一，预防为主”为原则，以车间、班组安全管理为基础，以预防重点单位、重点岗位的重大事故为重点，以纠正岗位违章指挥、违章操作和员工劳动保护穿戴不规范为突破口，落实各项规章制度，开创安全工作新局面，实现安全生产的根本好转。

三、牢固树立“安全第一”的思想意识

各单位部门要高度重视安全生产工作，把安全生产工作作为重要的工作来抓，认真贯彻“安全第一，预防为主”的方针，进一步增强安全生产意识，出实招、使真劲，把“安全第一”的方针真正落到实处。通过进一步完善安全生产责任制，首先解决领导意识问题，真正把安全生产工作列入重要议事日程，摆到“第一”的位置上。只有从思想上重视安全，责任意识才能落实到位，才能管到位、抓到位，才能深入落实安全责任，整改事故隐患，严格执行“谁主管，谁负责”和“管生产必须管安全”的原则，力保安全生产。

四、深入开展安全生产专项整治工作

根据公司现状，确定出2012年安全生产工作的重点单位、重点部位，完善各事故应急处理预案，加大重大隐患的监控和整改力度，认真开展厂级月度安全检查和专项安全检查工作。车间每周进行一次安全检查，班组坚持班中的三次安全检查，并要求生产科、车间领导及管理人员加强日常安全检查。

对查出的事故隐患，要按照“三定四不推”原则，及时组织整改，暂不能整改的，要采取安全防范措施。尤其要突出对煤气炉、锅炉、硫酸罐、液氨罐等重要部位的安全防范，做好专项整治工作，加强对易燃、易爆、有毒、有害等危险化学品的管理工作。要严格按照《安全生产法》和《危险化学品安全管理条例》强化专项整治，加强对岗位现场的安全管理，及时查处违章指挥、违章操作等现象，最大限度降低各类事故的发生，确保公司生产工作正常运行。

五、继续做好员工安全教育培训和宣传工作

公司采取办班、班前班后会、墙报、简报等形式，对员工进行安全生产教育，提高员工的安全生产知识和操作技能，定期或不定期组织员工学习有关安全生产法规、法律及安全生产知识，做好新员工上岗及调换工种人员的三级安全教育，提高员工安全生产意识和自我保护能力，防止事故的发生。特种作业人员要进行专业培训，考试合格发证，做到100%持证上岗。

认真贯彻实行《安全生产法》，认真学习公司下发的《典型事故案例》和《安全生产紧急会议纪要》等文件。不断规范和强化安全生产宣传工作，深入开展好“安康杯”竞赛活动，充分利用好6月份的全国安全生产月活动。

通过粘贴安全生产标语、安全专题板报，发放安全宣传小册子，树立典型等开展形式多样的安全生产教育工作，加大宣传力度，达到以月促年的目的。提高员工遵纪守法的自觉性，增强安全意识和自我保护意识；引导车间、班组建立安全文化理念，强化管理，落实责任；将安全生产与保公司稳定、和谐、发展紧密结合起来，做到安全生产警钟长鸣。

2012年安全生产工作将继续本着“安全第一，预防为主”的方针，按照“谁主管，谁负责”的原则，进一步分清责任，从维护公司发展的大局出发，保持公司员工艰苦奋斗、吃苦耐劳的工作作风，严格履行公司的安全生产工作部署，控制指标，积极行动，把安全生产工作抓紧、抓好，为公司做大做强做出新的贡献。

范例02：××公司生产计划变更管理办法

一、编制目的

为规范生产计划变更流程，使计划更为顺畅地得以执行，特制定本办法。

二、适用范围

因市场需求变化、生产条件变化或其他因素引起的生产计划变更。

三、具体内容

1. 权责单位

总经理室负责本办法制定、修改、废止的起草工作。

总经理负责本办法制定、修改、废止的核准。

2. 定义

本办法所指的生产计划变更是指已列入周生产计划内的生产订单，因市场需求变化、生产条件变化或其他因素需调整生产计划的变更。

3. 变更时机

（1）客户要求追加或减少订单数量时。

（2）客户要求取消订单时。

（3）客户要求变更交期时。

（4）客户有其他要求导致生产计划必须调整时。

（5）因生产进度延迟可能影响交期时。

（6）因物料短缺预计将导致较长时间停工时。

（7）因技术问题延误生产时。

（8）因品质问题尚未解决而需延迟生产时间时。

（9）因其他因素必须做生产计划调整时。

4. 变更流程规定

（1）生管部在遇到上述规定的各种状况，经确认必须变更生产计划时，应发出生产计划变更通知单。

（2）生产计划变更通知单一般应包含下列内容：

①生产计划变更原因。

②计划变更影响的生产单位及时间。

③原生产计划排程状况。

④变更后生产计划排程状况。

⑤需各部门注意配合的事项。

（3）如生产计划变更范围较大，生管部应召集生控人员、物控人员、采购部、制造部、业务部或其他相关部门进行检讨确认。

（4）如生产计划变更后，新计划与旧计划相比有较大变化时，生管部应在生产计划变更通知单后附上新的周生产计划。

（5）生产计划变更通知单及其附件除生管部自存外，应比照生产计划的发放要求发放给下列部门：业务部、开发部、生技部、品管部、制造部、采购部、物资部。

（6）各部门接到生产计划变更通知单后，应立即确认本部门工作安排的调整，以确保计划的顺利执行。

5. 生产计划变更后的作业规定

生产计划变更后的作业规定如下所示。

序号	部门	作业规定
1	生管部	（1）修改周生产计划及每日生产进度安排 （2）确认并追踪变更后的物料需求状况 （3）协调各部门因此产生的工作调整
2	业务部	（1）修改出货计划或销售计划 （2）确认变更后计划各订单交期是否可以确保 （3）处理因此而产生的需与客户沟通的事宜 （4）处理出货安排的各项事务
3	开发部	（1）确认产品设计、开发进度，确保生产的顺利进行 （2）确认技术资料的完整性、及时性

（续表）

序号	部门	作业规定
4	生技部	（1）确认生产工艺、作业标准的及时性、完整性 （2）确认设备状况 （3）确认工艺装备、夹具状况 （4）确认技术变更状况
5	品管部	（1）确认检验规范、检验标准的完整性 （2）确认检验、试验及设备、仪器状况 （3）确认品质历史档案 （4）安排品质重点控制点
6	采购部	（1）确认物料供应状况 （2）确认多订购物料数量及处理状况 （3）处理与厂商的沟通事宜
7	物资部	（1）确认库存物料状况 （2）负责现场多余物料的接收、保管、清退事宜 （3）其他物料仓储事宜
8	制造部	（1）处理变更前后物料的盘点、清退、处理事宜 （2）生产任务安排调整 （3）人员、设备调度 （4）确保新计划的顺利完成

范例03：××公司生产现场流水线管理制度

一、目的

为了维持良好的生产秩序，提高生产效率，保证流水线生产工作的顺利进行，特制定本制度。

二、适用范围

适用于生产现场全体工作人员。

三、内容

1. 早会制度

（1）员工每天上班必须提前15分钟到达操场开早会，违反者将按规定处罚，迟到、早退一次罚款5元，两次以上者罚款10元，旷会者罚款20元。

（2）各条流水线的组长每天上班必须提前15分钟到达操场，组织员工准时开早会，违反者将按规定处罚，每周一次者罚款10元，每周超过一次者罚款20元。

（3）各条流水线的组长在开早会时必须及时向员工传达公司或上级的最新指示及当

天的生产计划，时间应控制在10分钟以内，否则罚款10元。

（4）组长开早会时讲话应洪亮有力，多以激励为主，不得随意批评和责骂员工。

2. 请假制度

（1）如有特殊事情必须亲自处理，应在2小时前以书面形式请假，经主管与相关领导签字后，请假方可生效，不可代请假或事后请假（如生病无法亲自请假，事后必须交医生证明），否则按旷工处理。

（2）除生病及特殊情况需请假外，其他任何情况不得请假。

（3）杜绝非上班时间私下请假或批假，如有违反处以10元以上罚款。

（4）员工每月请假不得超过两次，每天请假不得超过两人。

（5）员工请假时长核准权限规定：

①请假时间在4小时内由组长批准。

②请假时间在3天以内由现场主任批准。

③请假时间在超过3天必须由生产计划部经理批准。

④连续请假按照累计天数依上述规定办理。

3. 清洁卫生制度

（1）每组必须负责本组的环境卫生，每人必须负责各自所负责区域的卫生。

（2）每天下班后必须打扫卫生，星期天须进行大扫除（现场内的门、窗户、生产线、零件台、风扇等都须清洁）。

（3）现场的垃圾与废纸箱须倒入指定的垃圾区域，不得四处乱倒，违者处以20元/次的罚款。

（4）不合格品、报废零部件须及时清理掉，现场物品要按规定位置放置整齐，不得到处乱放。

4. 现场生产秩序管理制度

（1）所有员工必须正确佩戴厂牌上班，无特殊情况必须穿厂服上班，违者罚款10元/次。

（2）员工上班应着装整洁，不准穿拖鞋、奇装异服，同时不准带任何食品到现场内吃，违反者将处以10元/次的罚款。

（3）上班时，组长一定要坚守工作岗位，离岗必须经得主管的同意，违者罚款10元/次。

（4）上班时，组长应对每道岗位的员工耐心指导，不得向员工乱发脾气，更不准置员工不理不睬，违者罚款10元/次。

（5）上班时，物料员须及时把物料备到生产线，并严格按照规定的运作流程操作，不得影响工作的顺利进行。

（6）员工在作业过程中，必须保持80～100cm的距离，不得挤坐在一起，安装时须戴好手套，同时必须自觉做好自检与互检工作。如发现问题必须及时向品管人员与组长反映，不可擅自使用不良材料或让不合格品流入下道工序，必须严格按照品质要求作业，否则将视情节轻重给予一定的处罚。

（7）每道工序必须接受现场品管检查、监督，不得蒙混过关，虚报数量，应配合品质检验工作，不得顶撞、辱骂品管人员，对教育不改者，视情节轻重罚款20～50元。

（8）上班注意节约用水、用电，停工随时关水、关电，如有浪费水电者，对其责任人或工序团体每人罚款5～10元。

5. 注意事项

（1）中午（无特殊情况）不得逗留于现场内午休或干其他事情，违者罚款10～20元。

（2）现场内物品必须按指定位置整齐放置，不得随意乱堆乱放，违者罚款10元。

（3）现场内员工必须在规定作业区域操作，通道不得堆放任何杂物，违者将处以10元/次的罚款。

（4）流水线必须随时保证传送带干净，不可将杂物放于传送带上。同时，每天上线前必须用抹布对传送带擦拭一次。

（5）有功能障碍的工具、设备不得使用，必须由其负责人填写检修申请单，申请检修，并做好暂停使用标志，检修后要有检修报告。

（6）上班所必需的五金配件（较大的）必须用小塑料筐盛放，按规定的位置摆放于工作现场（横放于工位左边，不得超出黄线）。

（7）小零配件必须用蓝色塑料盒盛放，一个盒子只可装一种零配件，安装过程中发现的不良品必须用红色塑料盒盛放（不良品可以混放），所有的小盒子排成一行放于工作台的左手边。

（8）在工作期间，部门主任离岗时，应指定代理负责人，要求部门人员必须服从其安排，代理负责人必须尽力完成赋予的工作任务。

（9）对于任何会议和培训，均不得迟到、早退和旷工，违者罚款20元/次，对每次考试经复考仍不及格者，将进行降级或辞退处理。

注：本制度与公司规定发生冲突时，以公司规定为准。

四、附则

1. 本制度由生产部主持制定，其修改、解释权归生产部所有。

2. 本制度经总经理批准后，自颁布之日起实施。

范例04：××公司生产进度跟踪程序

一、编制目的

为充分利用现有人力及设备，拟订和执行切合实际的生产计划，以提高生产效率和达到准时交货的目的，特制定以下跟踪程序。

二、适用范围

适用于外协生产单位生产计划的拟订与执行、生产进度的追踪与控制、生产计划变更、外协加工生产等。

三、具体内容

1. 权责

（1）生产管理单位负责生产计划的拟订。

（2）外协部负责生产计划进度的审核追踪和控制。

（3）物控部负责物料控制。

（4）生产单位各生产组负责生产计划的执行。

2. 生产管理流程

生产管理流程图参见附件。

3. 拟订生产计划

本公司的生产为订单式生产。生产管理室接收到来自商品管理室订单评审确认的订单信息后，依据产销交期与生产制造单的要求，拟订生产排单计划。拟订生产计划时应考虑以下因素：

（1）原辅材料库存、备料情况。

（2）订单交期情况。

（3）实际生产能力。

（4）样衣组产前样衣、生产制造单等技术资料是否备齐。

4. 审查

生产管理室将生产排单计划交由外协经理或指定代理人审查，若审查时存在问题，则需协调修订后再提交审查。

5. 执行生产计划

（1）生产单位根据生产管理室要求的生产货期拟订生产计划，经外协经理/外协科长审批后，分发给各生产单位相关生产线组长，各组长按照生产管理室的安排组织生产。

（2）仓库接到生产制造单后，要逐项进行物料核对，如有缺料或物料需求，要及时申报物控生管室。

（3）物控生管室接到生产制造单、原物料控制表后，要逐项进行物料核对，如有缺料或物料需求，必须马上安排采购，并将物料的采购情况及时知会相关单位。

（4）品管部/面辅料品检组接到生产制造单后，要进行相关的检验准备。

（5）生产部主管及跟单员对各单位的生产准备工作负有监督和指导责任。

6. 生产进度的追踪与控制

（1）各生产单位负责人和跟单员必须每日追踪生产进度，确保生产按计划进行。若发生异常状况影响预定的生产目标，则应采取适当措施进行处理。

（2）跟单员每天上午10：00要把前一天的生产进度报表提交给外协订单跟踪员，以便公司内部掌控整体生产进度。

7. 生产协调

针对实际存在的问题寻求解决方案，使各生产单位都了解目前生产计划的安排、生产进度的展开情况及每批订单的交货日期，发挥货期意识，相互支持，相互配合，确保生产顺利进行。

8. 生产计划更改

对于小批量临时插单生产，只要不影响原生产计划的执行则无须变更生产计划，遇到以下情况，经评估影响原计划的执行时，需变更生产计划：

（1）生产管理室临时要求增加、减少或取消订单，订单交期提前或延后时。

（2）特殊情况（如停电、设备故障等突发状况）致使计划需变动时。

（3）原物料供应无法满足生产要求时，如物料不合格，为避免停工待料现象发生，安排临时插单时。

当变更内容较少时，由生产单位负责人在原生产计划进度表上更改，并由跟单员核准后方可执行。当变更内容较多时，生产单位可根据实际异常情况制定新的生产计划进度表，经跟单员核准后传到订单跟踪员处。如果生产计划的变更影响产品的交货期，则应由生产单位负责人及时通知订单跟踪员，并由订单跟踪员根据实际变更情况进行分析与沟通，待协调一致后重新确定交期，并反馈给生产单位。

生产订单的更改信息依据实际需要，以货期变更申请单的方式知会相关部门并在订单跟踪表上注明。

9. 完成状况分析表

每周末、月底，订单跟踪员将分析生产计划完成率情况，并将其反映到周、月会议报表上。

10. 生产管理系统改善

对生产交期要求是否明确、物料准备情形、生产过程中各道工序的衔接、生产计划与生产进度的协调等方面，系统化地改善其运作效率。

11. 参考文件

《文件与记录管理程序》。

12. 附件及表单

生产管理流程图。

涉及生产制造单，生产计划进度表，生产日报表，周、月会议报表，货期变更申请单。

本章回顾

学习心得：

1. ____________________

2. ____________________

3. ____________________

4. ____________________

5. ____________________

序号	员工难处	解决方法

第五章

怎样进行现场环境管理

Q：怎样改善现场工作环境呢？

A：改善现场工作环境，可以有很多种方法，具体包括安排合理照明、加强现场通风、正确摆放设备、改善工作地面情况等。

Q：我想在现场看着5S工作，该怎样着手呢？

A：你要了解5S的内容，并针对整理、整顿、清扫、清洁、素养等每一项做好相关工作，他们各有侧重，你要熟练运用。

Q：那么又怎样进行定置管理呢？

A：这个主要是按照定置管理的步骤进行的。首先你要了解定置管理的内容，然后分析人、物结合状态，设计定置图等，通过一系列步骤，最终完成定置工作。

备注：Q是指Question，是一位新任职的现场主管在提问。

A是指Answer，是一位具有丰富管理经验的现场主管在回答问题，并通过回答带领新主管进入本章内容的学习。

第一节　现场环境管理基础知识

学习目标：

1. 了解现场照明、通风、设备摆放等工作的要点。
2. 掌握现场5S管理的操作要点。
3. 掌握寻宝活动、红牌作战以及定置管理的实施要领。

知识01：安排合理照明

合理照明是创造良好作业环境的重要措施。照明安排不合理，会造成操作者视力减退，产品质量下降等严重后果。所以在生产现场要确定合适的光照度，具体的要点为：

（1）采用天然光照明时，不允许太阳光直接照射工作空间。

（2）采用人工照明时，不得干扰光电保护装置，并应防止产生频闪效应。除安全灯和指示灯外，不应采用有色光源照明。

（3）在室内照度不足的情况下，应采用局部照明。照明光源的色调，应与整体光源相一致。

（4）与采光照明无关的光源（如电弧焊、气焊光及燃烧火焰等）不得直接或经反射进入操作者的视野。

（5）需要在机械基础内工作（如检修等）时，应装设照明装置。

知识02：加强现场通风

加强通风是控制作业场所内污染源传播、扩散的有效手段。经常采用的通风方式有局部排风、全面通风，如下所示。

局部排风	即在不能密封的有害物质发生源近旁设置吸风罩，将有害物质从发生源处直接抽走，以保持作业场所的清洁
全面通风	即利用新鲜空气置换作业场所内的空气，以保持空气清新

知识03：正确摆放设备

各种设备是作业的重要工具，由于其占据区域较大，所以必须要合理布局，并摆放好。具体的操作要点为：

（1）工艺设备的平面布置，除满足工艺要求外，还需要符合安全和卫生规定。

（2）有害物质的发生源应布置在机械通风或自然通风的下风侧。

（3）产生强烈噪声的设备（如通风设备、清理滚筒等），如不能采取措施减噪，应将其布置在离主要生产区较远的地方。

（4）布置大型设备时，应留有宽敞的通道和充足的出料空间，并应考虑操作时物料的摆放。

（5）各种加工设备要保持一定的安全距离，既保证操作人员具有一定的作业空间，又避免设备间距过小产生的安全隐患。

知识04：改善工作地面

工作地面即作业场所的地面，在进行现场布置时，必须保证地面整洁、防滑，具体的改善要点为：

（1）车间各部分工作地面（包括通道）必须平整，并经常保持整洁。地面必须坚固，能承受规定的荷重。

（2）合理规划生产现场的地面，用不同的颜色将生产现场的地面科学划分为不同的区域。安全通道必须以绿色、醒目的标志标示出来。

（3）生产现场所划定的各区域间距要合理，其中人行通道不得小于1m，车行道（主要指叉车、推车等）不得小于2m，成品车间货车行道不得小于3m。

（4）生产现场的布置必须保证各通道的畅通，任何人不得以任何理由挤占、挪用通道，违者将按相关规定进行教育和惩处。

（5）生产现场中因生产需要所设置的坑、沟、壕等必须用具有足够支撑力的物品覆盖或设有防护栏，夜间必须有照明，以防止发生安全事故。

（6）在产品生产过程中出现的垃圾、废料、废水、废油等必须按划分的责任或承包的区域及时处理，不得将此类废品带入下一道工序。

（7）生产现场的人行道或空地应保持平坦，不得有障碍物。若有，则应该设置醒目的警示标志或防护栏。

（8）工作附近的地面上，不允许存放与生产无关的障碍物，不允许存在黄油、油液和水。经常有液体的地面，要设置排泄系统。

（9）机械基础应有液体储存器，以收集由管路泄漏的液体。储存器可以专门制作，也可以与基础底部连成一体，形成坑或槽。储存器底部应有一定的坡度，以便排除废液。

（10）车间工作地面必须防滑。机械基础或地坑的盖板，必须是花纹钢板或在平地板上焊，以防滑筋。

专家点拨：

企业必须为作业人员提供良好的工作环境，《职业病防治法》第四条规定，劳动者依法享有职业卫生保护的权利。用人单位应当为劳动者创造符合国家职业卫生标准和卫生要求的工作环境和条件，并采取措施保障劳动者获得职业卫生保护。

知识05：注意人机配合

人机配合就是要符合人机工程学。人机工程学是研究“人—环境”系统中人、机、环境三大要素之间的关系，为解决系统中人的效能、健康问题提供理论与方法的科学。

人机工程学研究在设计人机系统时应怎样考虑人的特性和能力，以及人受机器、作业和环境条件的限制。设计人机系统时，要把人和机器作为一个整体来考虑，合理地或最优地分配人和机器的功能，以保证系统在环境变动下达到要求的目标。在班组作业现场的具体要求为：

（1）工位设计结构和各部分组成应符合人机工程学、生理学的要求和工作特点。

（2）工位设计应使操作人员能舒适地坐或立，或坐立交替在机械设备旁进行操作，不允许剪切机操作者坐着工作。

（3）坐着工作时，一般应符合以下要求：

①工作座椅结构必须牢固，坐下时双脚能着地，座椅的高度为40～43 cm，高度可调并具有止动装置。

②机械工作台下面应有放脚空间，其高度不小于60 cm，深度不小于40 cm，宽度不小于50 cm。

③机械的操纵按钮离地高度应为70～110 cm，如操作者位置离工作台边缘只有30 cm时，按钮高度可为50 cm。

④工作面的高度应为70～75 cm，当工作面高度超过这一数值而又不可调时，应垫以脚踏板。脚踏板应能随高度调整，其宽度不应小于30 cm，长度不应小于40 cm，表面应能防滑，前缘应有高1 cm的挡板。

（4）站立工作时，应符合以下要求：

①机械的操纵按钮离地高度为80～150 cm，距离操作者的位置最远为60 cm。

②为便于操作者尽可能靠近工作台，机械下部应有一个深度不小于15 cm、高度为15 cm、宽度不小于53 cm的放脚空间。

③工作面高度应为93～98 cm。

知识06：控制噪声传播

噪声是能够引起人烦躁或由于音量过高而危害人体健康的声音。

1. 噪声的危害

噪声是企业生产和运输中最常见的污染因素，噪声强度超过130 dB就会伤害人的机体和耳朵。按国家规定，工厂的噪声不能超过75 dB，晚上睡觉的时候，住宅周围的环境噪声不能超过35 dB。人若长期受85～90 dB甚至90 dB以上的噪声侵袭，其听力就会受损，容易患上心血管、神经性疾病。

2. 控制噪声的传播

（1）生产中噪声排放比较大的机电、机械设备应尽量设置在离工作操纵点或人员集中点比较远的地方。

（2）对于无法布置的比较远的、排放噪声比较大的机电、机械设备，在生产中应在设备上安装隔音机罩或设置隔音间，阻断噪声向外排放。

（3）对有隔音间进行隔音的机电、机械设备，应做好隔音间的密封工作，随时关闭隔音门与隔音窗，确保将噪声与生产人员隔离开来。

（4）若因工作需要，生产人员必须到噪声比较大的地方进行操作时，应佩戴好耳塞、耳罩、防声帽等劳动保护用品，否则后果由生产人员自身承担。

（5）班组长在安排生产任务时，应尽量减少作业人员在噪声环境中的暴露时间，以减轻噪声对员工身体的伤害。

知识07：控制现场温度环境

温度环境实际上包括湿度和空气流动速度等因素，是在任何环境中都会遇到的问题。

温度是工作现场最重要的条件之一，工作设施内应该有合适的温度。最合适的温度应根据当地的气候条件、季节、工作类型和工作强度而定。

在作业环境中，要具有良好的通风设备，保持适宜的温度、湿度和空气新鲜度，这样才能使人感到舒适。对于一般强度的坐姿工作，在20～25℃时作业人员的生产效率最高；如果达不到合适的温度，作业人员的生产效率就会下降。

有条件的单位要采取隔热和防寒的措施，采取适当方式以减少外部热空气和冷空气侵人对生产的不利影响。

知识08：控制洁净区

有些工作现场要求必须非常干净，如一些光学仪器、精密电子产品和特殊化学物质生产现场，对环境的要求特别高。例如某单晶硅厂，有两条特殊的规定：一是所有员工必须凭洗澡证上班。要求每一个员工早上洗过澡才能上班，进车间之前，还要在“风淋室”抽一下，将全身的灰尘抽干净，换上洁净的工作服。二是不能吃鱼虾。因为员工一吃鱼虾，呼出的气息中带有磷，产品遇到磷就会全部报废。另外，由于对环境洁净度的超高要求，这个工厂甚至谢绝参观。

洁净区的环境卫生要达到如下要求：

（1）门、窗、各种管道、灯具、风口及其他公用设施、墙壁与地面交界处等应保持洁净、无浮尘。

（2）地漏干净，经常消毒，经常保持液封状态，盖严上盖。

（3）洗手池、工具清洗池等设施，里外应保持洁净，无浮尘、垢斑和水迹。

（4）传递窗（室）在不工作时，要关闭双门，工作时至少要关闭一扇门。

（5）限制进入洁净区的人数，进入洁净室的人员仅限于该区域的生产操作人员、管理人员及经车间主任批准的人员。

（6）洁净室内操作时，动作要稳、轻、少，不做与操作无关的动作，不闲谈。

（7）洁净室内无与生产无关的物品。

（8）清洁工具及时清洗干净，置于洁净区洁具间规定的位置，不能和非洁净区的清洁工具混洗混用，消毒剂要定期交替使用。

（9）文件、文具等须经洁净处理才能进入洁净室。

（10）洁净室不得安排三班生产，每天应留足够的时间用于清洁及消毒，更换品种要保证有足够的时间间歇，用于清场及消毒。

知识09：实施定置管理

定置即是对生产现场、人、物进行作业分析和动作研究，使对象物按生产需要、工艺要求而科学地固定在场所的特定位置上，以达到物与场所的有效结合，缩短人取物的时间，消除人的重复动作，促进人与物的有效结合。

1. 定置管理的内容

定置管理的内容大致分为工厂区域定置、生产现场定置和办公室定置等。

（1）工厂区域定置。工厂区域包括生产区和生活区。

①生产区包括总厂、分厂（车间）、库房定置。

——总厂定置包括分厂、车间界线划分，大件报废物摆放，改造厂房的拆除物临时存放，垃圾区、车辆存停等。

——分厂（车间）定置包括工段、工位、设备、工作台、工具箱、更衣箱等。

——库房定置包括货架、箱柜、储存容器等。

②生活区定置包括道路建设、福利设施、园林修造、环境美化等。

（2）生产现场的定置管理。

（3）办公室定置。包括设计各类文件资料流程、办公桌及桌内物品定置、文件资料柜及柜内资料定置等。

2. 定置管理实施步骤

（1）分析人、物结合状态。人、物结合状态如下所示。

A：紧密结合状态	正待加工或刚加工完的工件
B：松弛结合状态	暂存放于生产现场不能马上进行加工或转运到下工序的工件
C：相对固定状态	非加工对象，如设备、工艺装备、生产中所用的辅助物料等
D：废弃状态	各种废弃物品，如废料、废品、铁屑、垃圾及与生产无关的物品

（2）分析物流、信息流。在生产现场中需要定置的物品无论是毛坯、半成品、成品，还是工装、工具、辅具等都随着生产的进行而按照一定的规律流动着，它们所处的状态也在不断变化，这种定置物规律的流动性与状态变化，被称为物流。

随着物流的变化，生产现场也存在着大量的信息，如表示物品存放地点的路标，表示所取之物的标签，定置管理中表示定置情况的定置图，表示不同状态物品的标牌，为定置摆放物品而划出的特殊区域等。随着生产的运行，这些信息也在不断地流动着、变化着，当加工件由B状态转化为A状态时，信息也伴随着物的流动变化而变化，这就是信息流。

通过对物流、信息流的分析，掌握加工件的变化规律，并对不符合标准的物流、信息流进行改正。

（3）设计定置图。定置图绘制的要点有：

①现场中的所有物品均应绘制在图上。

②定置图绘制以简明、扼要、完整为原则，物形为大概轮廓、尺寸按比例，相对位置要准确，区域划分要清晰鲜明。

③生产现场暂时没有，但已定置并决定定置的物品，也应在图上标示出来，准备清理的无用之物则不得在图上标示。

④定置物可用标准信息符号或自定义信息符号进行标注，并在图上加以说明。

⑤定置图应按定置管理标准的要求绘制，但应随着定置关系的变化而进行修改。

⑥定置图分类。定置图类型具体如下所示。

车间定置图	要求图形醒目、清晰，且易于修改、便于管理，应将图放大，做成彩色图板，悬挂在车间的醒目处
区域定置图	车间的某一工段、班组或工序的定置图，定置图可张贴在班组园地中
办公室定置图	要做定置图示板，悬挂于办公室的醒目处
库房定置图	做成定置图示板悬挂在库房醒目处
工具箱定置图	绘成定置图，贴在工具箱盖内
办公桌定置图	统一绘制定置图，贴于办公桌上
文件资料柜定置图	统一绘制定置图，贴于资料柜内

（4）信息媒介物设计，包括信息符号设计和示板图、标牌设计，具体如下所示。

信息符号	在设计信息符号时，如有国家规定的（如安全、环保、搬运、消防、交通等）标准，应直接采用国家标准。对于其他符号，企业应根据行业特点、产品特点、生产特点进行设计。设计符号应简明、形象、美观

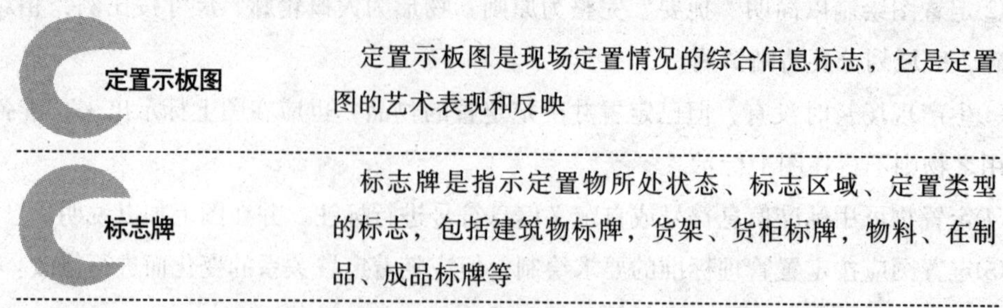

（5）定置的实施。定置实施是定置管理工作的重点。定置实施流程如下所示。

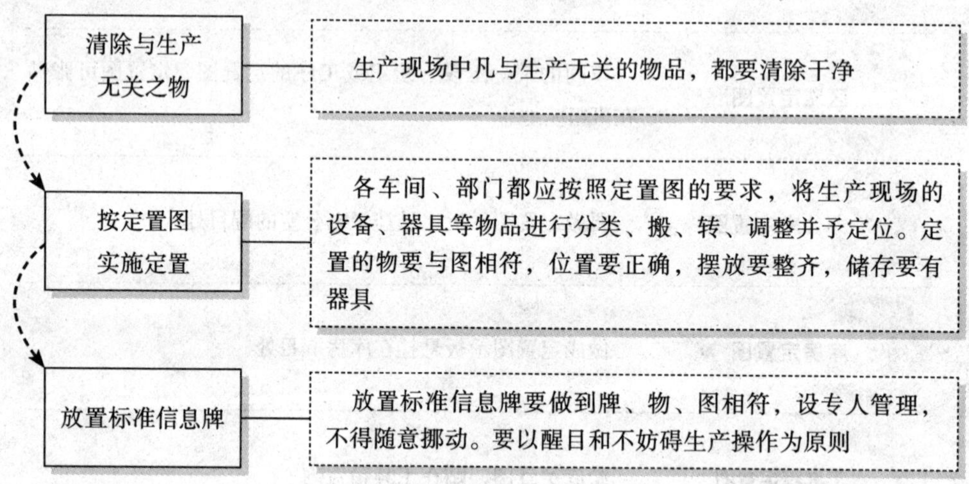

（6）定置检查与考核。定置管理的检查与考核一般分为两种情况：

①定置后的验收检查，检查不合格的不予以通过，必须重新定置，直到合格为止。

②定期对定置管理进行检查与考核。这是一项需要长期进行的工作，它比定置后的验收检查工作更为复杂、更为重要。

③定置管理的考核应成立检查小组，每月定期检查1～2次，日常检查由生产科负责，并将检查结果纳入经济责任制考核。

知识10：开展现场5S活动

5S是企业洁净亮丽、整齐舒适、安全高效的法宝。5S，是指对生产现场各生产要素（主要是物的要素）所处状态不断进行整理、整顿、清洁、清扫和提高素养的活动。

由于整理（Seiri）、整顿（Seiton）、清扫（Seiso）、清洁（Seiketsu）和素养（Shitsuke）这五个词的第一个字母都是“S”，所以简称5S，如下所示。

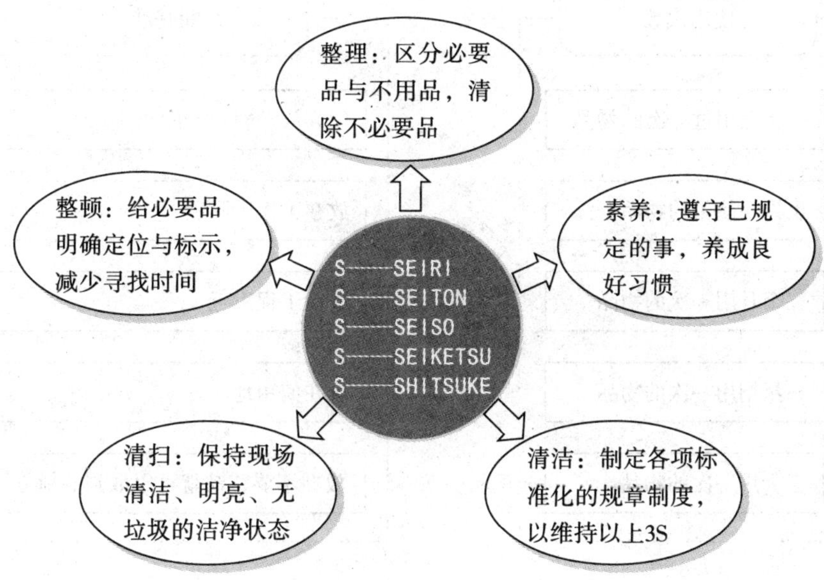

开展5S活动需要用到一些基本方法，具体如下：

（1）进行培训。企业可以采取灵活多样的方式对所有员工就5S知识、推动方式进行培训。

（2）贴海报和标语。企业可以外购或自行制作一些宣传海报和标语，用镜框装裱好，既防尘耐用，又易于清扫，张挂在工作现场，使刻板的工作环境变得轻松、充满活力；员工通过海报和标语对5S概念有所了解，这样，海报和标语就可以起到潜移默化的作用，增强活动的气氛，体现企业文化。

（3）设置5S专栏与看板。通过设置5S专栏与看板，对5S活动进行良好的推广。

知识11：现场整理（Seiri）

整理是现场5S管理的重要内容。它是指在工作现场，区别要与不要的物品，只保留有用的物品，清理不需要的物品。

1．确定现场需要与不需要的判别基准

进行整理时，首先要根据情况，分清什么是需要的物品，即必需品，什么是不需要的物品，即非必需品。现场物品放置的判别基准如下所示。

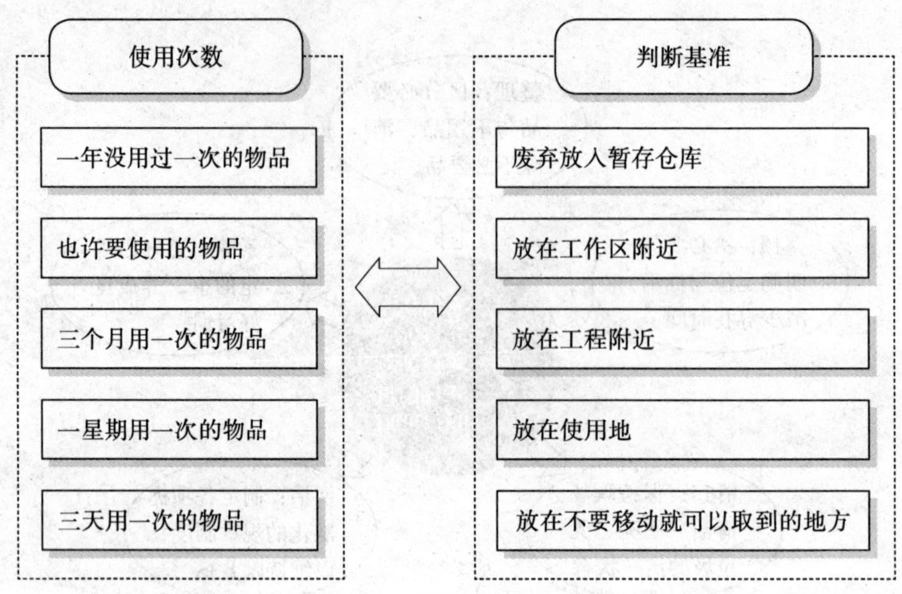

2．开展寻宝活动

寻宝活动是指在5S活动过程中，找出现场的无用物品，进行彻底整理的一种趣味化的手段。所谓的宝，是指需要找出的无用物品。它本身并没有很大价值，主要是指它对整理活动的成败有重要意义。

（1）拟订寻宝活动计划。包括寻宝责任区域、约定寻宝标准、约定集中摆放场所、寻宝的时间期限等。

（2）实施寻宝活动。对于清理出的物品，统一收集摆放到企业指定的场所，同时要做好以下工作：

①用相机对处理前的物品或状态进行拍照，以记录物品的现有状态。

②对清理出的物品进行分类，并列出清单。清单中应对物品的出处、数量进行记录，并提出处理意见，按程序报相关部门审核批准。

③调查物品的出处，要获得使用部门确认，应该是确实不需要的。

（3）集中判定和分类处理。待物品收集完成之后，应及时进行集中评价，确认必需品与非必需品，并贴上红牌。

3．处理非必需品

对贴了非必需品红牌的物品，必须一件一件地核实现品实物和票据，确认其使用价值。若经判定，某物品被确认为有用，那么就要揭去非必需品红牌。若该物品被确认为非必需品，则应该决定具体处理方法，填写非必需品处理栏目。一般来说，对非必需品的处理方法如下所示。

改用	将其改用于其他项目或其他需要的部门
修理、修复	进行修理、修复，恢复其使用价值
出售	若该物品虽有使用价值，但可能涉及专利或企业商业机密，应按企业具体规定进行处理；如果该物品只是一般废弃物，在经过分类后可将其出售
废弃处理	对那些没有使用价值的物品，必须及时实施废弃处理。处理要在考虑环境影响的基础上，从资源再利用的原则出发，具体方法如由专业公司回收处理等

知识12：现场整顿（Seiton）

整顿是指把要用的物品，按规定位置摆放整齐，并做好标示、进行管理。

1．分析现状

生产现场因为未实施整理，常会存在以下现状：

（1）不知道物品存放地点。

（2）不知道要取的物品名称。

（3）物品存放的地点太远。

（4）存放的地点太分散，物品太多，难以找到。

（5）不知道物品是否已用完，或者别人正在使用。

以上现状归纳起来说，就是对于现状没有进行分析。所以在日常工作中必须对必需物品的名称、物品的分类、物品的放置等情况进行规范化的调查分析，找出问题所在，对症下药。分析时，需要对物品的名称、分类、放置等方面进行规范。

2．物品分类

整顿时，要根据物品各自的特征进行分类，把具有相同特点或具有相同性质的物品划分到同一个类别，并制定标准和规范，确定物品的名称并做好物品名称的标示。

3．确定放置场所

推行整顿的过程中应对物品放置的场所进行事先确定。在整顿初期，将整理后所腾出的货架、橱柜、场所等空间进行重新规划使用，将最常用的物品放在最接近身边的地方，不常用的物品可另换位置存放。

对于场所的区分，可使用不同颜色的油漆和胶带来加以明确，如白色代表半成品，绿色代表合格品，红色代表不合格品。

在确定放置场所时应注意以下事项：

（1）通过画线等明确区分通道和作业区域。

（2）考虑搬运的灵活性。

（3）不要的物品马上进行处理。

（4）不良品箱或不良品区域要明示，如用红色警示。

（5）油、甲苯等不能放于有火花作业的场所。危险物、有机物等，应放在特定场所保管。

（6）堆高时要限制高度。物品堆放高度超过一定的安全限度时，一般应放于易取用的墙边。

（7）有时将物品放在定位线外是无法避免的，这就需要竖起“暂放”牌，牌上要标明理由、放至何时等信息。

4．确定放置方法

明确物品的放置方法，也是整顿工作中的一项重要内容，这种方法必须以符合容易拿取的原则为基础。

物品的放置方法一般有放在架子上、箱子里、塑胶篮中、袋子里及进行悬挂放置等。决定放置方法时要考虑物品的用途、功能、形态、大小、重量、使用频率等因素，尤其要注意取用和放置的便利性。在明确物品放置方法时要注意以下问题：

（1）放置时，尽可能便于物品的“先进先出”。

（2）尽量利用架子，立体发展，提高空间利用率。

（3）同类物品应集中放置。

（4）长条形物品横放，或束紧竖放。

（5）危险场所应覆盖，或用栅栏隔离。

（6）单一或少数不同物品避免集中放置，应个别分开定位。

（7）架子、柜子内部要明显易见。

（8）清扫器具以悬挂方式放置，下面要设有接水盘。

5．实施整顿

实施整顿也就是按照确定的放置场所和放置方法，将物品放在该放的地方，不要造成物品放位不当或东零西落的现象。同时注意要对现场放置情况进行检查，看是否都有明确的规定，并且要按规定进一步对物品进行放置。

6．做好标示

标示是整顿的最终动作。明显、清楚的标示能起到方便沟通、减少出错、提高效率的重要作用。整顿的宗旨就是要以最少的时间和精力，达到最高效率、最高的工作质量和最具安全的工作环境。

物品名称和存放场所一定要标示清楚，这样才能让每个人随时都知道要用的物品在哪里。如果物品正在被使用，也应该清楚地标明使用者及使用场所，以便紧急使用时能快速找到。

知识13：现场清扫（Seiso）

清扫是指将不需要的物品清除掉，保持工作现场无垃圾、无污秽状态。

1．划分清扫区域和责任范围

（1）明确个人分担的区域和5S小组共同分担的区域。由一个人领导，共同负责。

（2）按车间、区域，每天安排值班人。

（3）用区域责任制表示每个人分担的范围。

2．进行大扫除

现场清扫人员在实施大扫除时应注意以下事项：

（1）注意高空扫除的安全。

（2）爬上或钻进机器时要注意安全。

（3）使用洗涤剂或药品时，防止溅到身上。

（4）使用錾凿工具或未用惯的机器时，不要受到伤害。

（5）不要因使用洗涤剂不当而使设备生锈或弄坏设备。

3．实施清扫检查

为了确保清扫后设备光亮如新，在清扫结束之后必须进行清扫检查。检查项目有以下几个方面：

（1）是否清除了污染源。

（2）是否对地面、窗户等地方进行了彻底的清扫和破损修补。

（3）是否对机器设备从里到外进行了全面的清洗和打扫。

知识14：现场清洁（Seiketsu）

清洁就是将整理、整顿、清扫实施的做法制度化、规范化，维持其效果。现场清洁具体可运用目视管理法。

1．检查前3S的效果

在清洁开始时，要对“清洁度”进行检查，制定出详细的明细检查表，以明确“清洁的状态”。

2．彻底贯彻前3S

必须强化对前3S的管理，督促员工做好前3S工作。

3．持续培训现场人员

班组长要对作业人员持续进行培训教育，以加深其对3S的认识，并做好现场的整理、整顿和清扫工作。

4．保持清洁的制度化——一起搞3分钟3S

（1）全员一起行动在短时间内搞好3S。全员一齐行动非常重要。

（2）划分时间段落也很重要。时间划分可以短一些，定时搞3S，如在开始工作前、工作结束时、周末、月末和完工时搞“1分钟3S”“3分钟5S”或“30分钟3S”等。

（3）一齐活动对质量、安全检查也有作用。每天只要一齐进行几次质量检查、安全检查，就可以显著地减少失误次数。

知识15：现场素养（Shitsuke）

素养活动是使员工时刻牢记5S规范，并自觉形成良好的习惯，使5S活动更着重于实质，而不是流于形式的各种活动。

1．明确素养的目的

企业通过实施素养活动，营造一个积极向上、富有合作精神的团队，其目的是：全体员工高标准、严要求地维护现场环境的整洁和美观，自愿实施整理、整顿、清扫、清洁的4S活动，培养遵守规章制度和具有良好习惯的人才。

2．制定相关的规章制度

规章制度是员工的行为准则，是让员工达成共识、形成企业文化的基础。制定相应的“语言礼仪”“行为礼仪”及“员工守则”等，有助于保证员工达到修养最低限度，并力求提高。

3．加强员工教育培训

公司应向每一位员工灌输遵守规章制度、工作纪律的意识。此外，还要创造一个具有良好风气的工作场所。

培训可分岗前培训和在岗培训。

（1）岗前培训。岗前培训就是上岗之前的培训。岗前培训是素养的第一个阶段，从新员工入厂的那一天起就应该开始，不论是技术人员、管理人员，还是作业人员都必须接受岗前培训。

（2）在岗培训。在岗培训是指为了提高员工的工作技能，在员工完成工作的同时，接受各种有针对性的培训活动。

在岗培训是将员工素养提高到更高层次的重要手段，但不能限制在作业技能的提高上。

4. 开展各种精神提升的活动

（1）早会。早会是一个非常好的提升员工文明礼貌素养的平台。企业应建立早会制度，这样有利于培养团队精神，使员工保持良好的精神面貌。

（2）征文比赛和活动知识竞赛。开展相关比赛，营造氛围，可加深广大员工对素养的进一步理解和认识，使每位员工分享5S活动所带来的成就感，从而有利于活动更持久有效地开展。

5. 检查素养效果

开展素养活动之后，要对素养活动的各个方面进行检查，主要包括员工行为举止规范和服装仪表的检查，以确保5S的有效推行。

素养活动的主要检查内容如下所示。

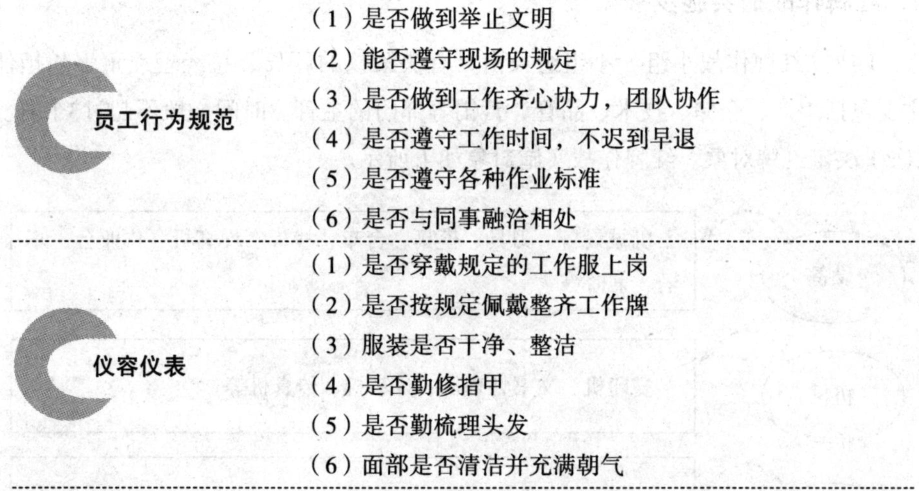

知识16：红牌作战

红牌作战就是全体员工使用红色标签对企业各角落的问题点加以发掘，并加以整理的方法，是5S活动运用的技巧之一。

1. 红牌作战的内容

红牌作战的内容如下所示。

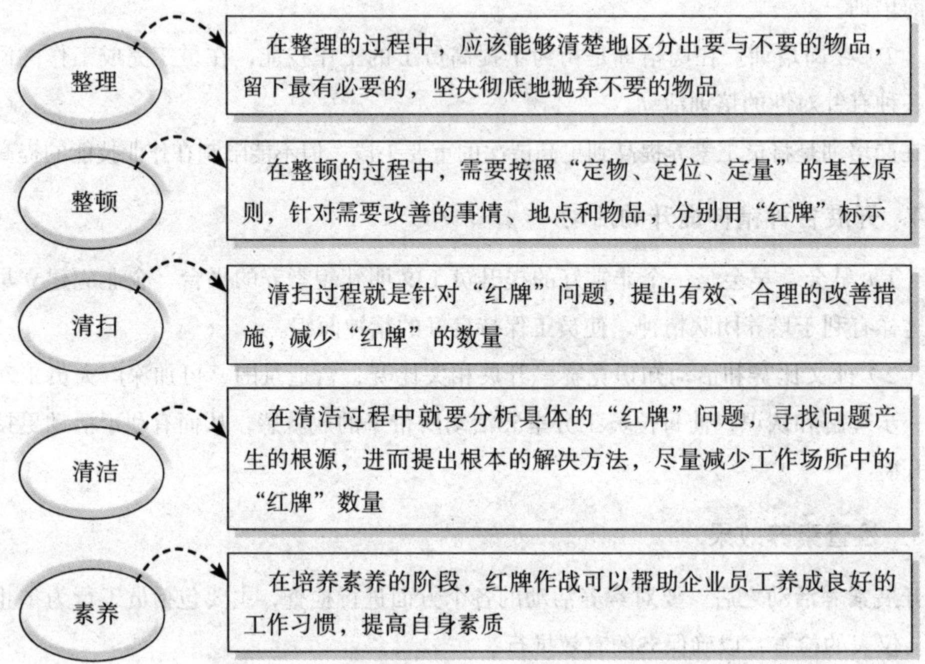

2. 红牌作战的实施步骤

（1）成立红牌作战小组。小组组长由具有决策权的厂长、总经理或董事长担任，成员则主要包括生产、仓储、技术、品管、营销等部门的主管。时间一般不超过3个月。

（2）决定红牌对象。红牌作战实施对象如下所示。

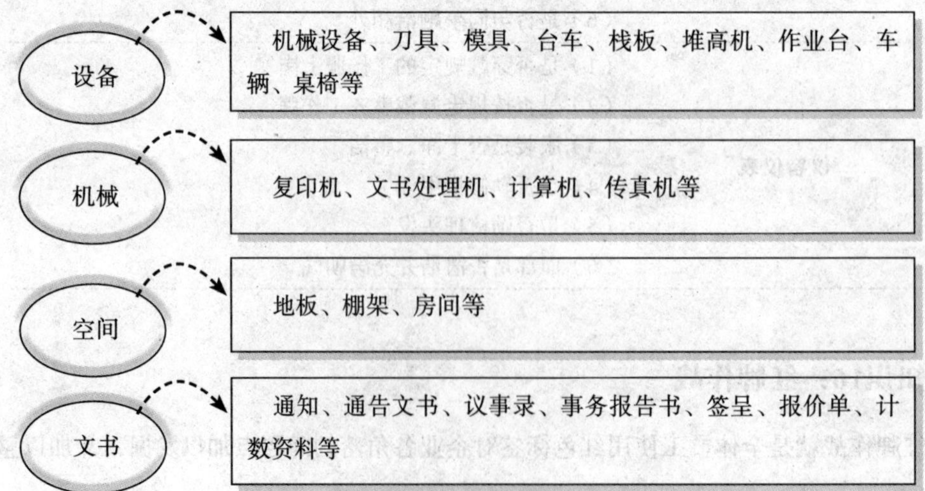

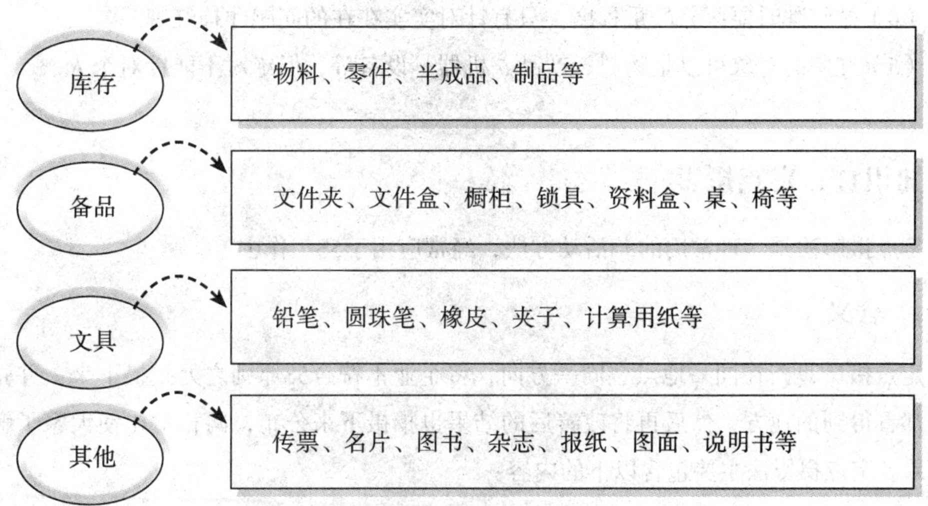

（3）红牌的制作。红牌就是指用红色的纸做成的5S管理问题揭示单。其中，红色表示警告、危险、不合格或不良。红牌的内容包括责任部门、对存在问题的描述和相应的对策、要求完成整改的时间、完成的时间以及审核人等。

（4）贴红牌。由红牌作战的委员组成项目小组，以每周一次为原则，到各部门贴红牌。

①贴红牌时，须先摒弃所有东西都有用的观念。

②要先了解红牌作战的对象、基准。

③对于有疑问或模棱两可的问题，先贴上红牌。

④不能由该部门的委员贴自己部门的物品。

⑤不能使用黄色标签。

⑥部门主管有意见时，应直接向委员会提出申诉，不可自己撕掉红牌。

（5）红牌的记录与处理。

①红牌记录。贴附的红牌移往红牌集中处后，应予以记录。

②处理。对贴红牌的物品区分为不良品、不用品、留滞品、边材。将不良品和不用品作废弃处理；留滞品移往红牌物品放置处；对边材进行判断，并对不要的进行废弃处理。

对贴红牌的设备，如发现无使用价值时，作废弃处理。

3．红牌作战的注意事项

（1）红牌作战不是一种处罚形式，在实施过程中要向广大员工说明清楚，增强他们的参与感。

（2）红牌的频率不宜太高，一般为一个月一次，应给出一定的整改时间。

（3）贴红牌时理由要充分，事实要确凿，要说明挂红牌的原因，以便于整改。

（4）贴红牌时要区分严重程度，只有针对实实在在的问题才挂红牌。

（5）红牌的对象可以是物料、产品、机器、设备等，但绝对不能针对个人。

知识17：定点摄影

定点摄影法是一种常用的5S活动方法，经常应用于5S工作中。

1．含义

定点摄影是指在同一地点、同一方向，将企业不符合5S原则之处拍摄下来，并张贴在大家都看得到的地方，然后再将改善后的结果也拍摄下来公布，两相对比使大家了解改善的成果。定点摄影法主要包含以下的内容：

（1）将实施5S前的情形与实施5S后的改善状况加以定点“摄影”。

（2）制作海报，将照片对比展示出来，使大家都看到改善情形并相互比较。

2．定点摄影的作用

（1）定点摄影的照片可以作为揭露问题和自我反省的材料。

（2）改善前的现场照片能促使各个部门为了本部门形象与利益而采取解决措施；而改善后的现场照片能让部门的员工获得成就感与满足感，从而形成进一步改善的动力。

3．照片的运用

照片除了贴在员工看得见的公告栏上外，还应贴在特制的图表上，并以此为基础召开会议。

在定点摄影图表上的第一阶段（通常安排四个阶段）里记下摄影日期，贴上照片，记入评分。评分从低到高依次为1分、2分、3分、4分、5分。建议档的填写较随意，可以由上司填写建议，作为对员工的要求。

4．定点摄影的注意事项

实施定点摄影时，要做好以下工作：

（1）必须征得被拍摄者的同意。

（2）进行定点拍摄时，拍摄者应尽量站在同一位置，面向同一方向，如果要变焦，应使用同一焦距。

（3）照片上要印上日期。进行定点摄影所拍摄的前后两张照片的不同点只是照片所反映的改善前后的状况和拍摄的日期。

（4）可以采取定时摄影，即决定下次摄影日期的方式，避免每次改善都拍摄的麻烦。

第二节　现场环境管理实景解读

学习目标：

1. 了解5S定义看板的常见样式，并学会自行制作。
2. 学会绘制5S宣传画。
3. 了解清洁标准的常见样式。

实景01：温、湿度看板

通过看板对现场温、湿度进行实时监控。

本图所示的温、湿度电子看板将室内温度与湿度实时展示出来，方便进行对比调整。

实景02：工具定置管理

生产现场对各种工具应做好定置管理，使其各归其位。

本图中，经过定置后，各种工具分类明确地、整齐地摆放着，方便取用。

实景03：日常用品定置管理

现场主管人员应对生产现场的一些日常用品进行定置管理。

本图中，经过定置后，雨伞被放入专用的雨伞桶中。

实景04：5S活动宣传

通过悬挂5S看板，对5S活动进行宣传。

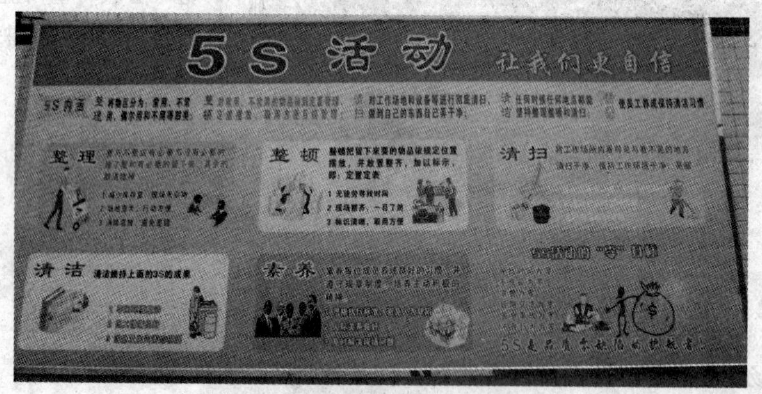

本图所示看板悬挂于企业外墙上，看板中列出了5S活动的一些要点。

实景05：5S标语展示

通过无处不在的5S标语，提醒员工时刻注意开展5S工作。

整理是5S工作的一个重要方面，本图所示为“腾出更大的空间”，方便员工如实掌握。

本图所示为素养宣传标语，其最终目的是“塑造人的品质，建立管理根基”。

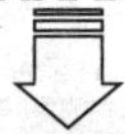

实景06：5S活动效果展示

通过5S活动可以使现场保持干净整洁、物品各归其位。

本图所示为现场工作地面，经过清扫后，非常干净，同时还为其标明用途。

本图所示为生产现场，经过整顿后，储物柜整齐堆放，无混乱现象。

第三节 现场环境管理实战范例

学习目标：

1. 学会制定现场卫生管理制度。
2. 了解车间5S管理标准的常见样式，并学会自行制作。

范例01：××公司现场卫生管理制度

一、编制目的

为规范生产车间的现场卫生管理，特制定本制度。

二、适用范围

适用于生产车间的日常卫生清理、维护和管理工作。

三、具体内容

（1）生产区应布置合理，并与生活区严格分开；注意个人卫生，严格执行消毒程序，避免造成二次污染。

（2）每班生产结束后，必须彻底将生产设备、工器具、地面、墙壁、排水沟等清洗干净，所用物品摆放整齐，车间内不得堆放杂物，保持卫生、干净、整洁的环境。生产过程中也应不间断随时清洗。

（3）车间空气消毒每天下午用500 P NACLO喷洒1次。

（4）污水池、厕所每周用1 000 P NACLO冲刷或喷洒。

（5）接触产品或物料的器具、物品必须离地存放，防止交叉污染，使用前必须清洗消毒，交班前必须清刷干净。

（6）不得将与生产无关的个人物品带入车间，严禁在车间内吃零食、吸烟，不得随地吐痰、闲聊、打斗、大声喧哗。

（7）保持车间整洁、无杂物，空气新鲜，地面洁净、无积水，设备无油污、无灰尘，更衣间有杀菌设施，灯检光源充足。

（8）车间内不得堆放废弃物，装溶液用的桶必须加盖。

（9）勿面对食品原料、生产器具咳嗽、打喷嚏、大声说话，以免污染食品。

（10）工作时落地原料必须及时清扫、妥善处理。

（11）车间内运输所使用的工器具（如运输车、塑料筐等）不得胡乱堆放，随时保持车间整洁有序。

（12）生产车间所有的窗户必须安装纱窗，防止蚊、蝇等进入现场，纱窗如有损坏应及时修补或更换，未经许可任何人不准打开纱窗。

（13）生产车间的门必须安装塑料软帘，防止飞虫进入车间，员工出入车间时要随手关门。

（14）车间对外的孔、通道、门、窗等要及时堵住或关闭，不得任意开关。

（15）工作中产生的垃圾，必须放入车间内的临时存放袋、箱中，每天上午、下午（下班前）将生产区域的垃圾清理出车间。

（16）未用的原料、辅料及时清理，堆放整齐。

（17）各种半成品用转运箱、输送平板及垃圾箱保持清洁。

（18）产品包装（塑料瓶、塑料桶、产品标签和纸板箱）保持清洁、摆放整齐。

范例02：××公司工位器具、工件、物料的摆放规定

一、编制目的

为规范现场工位器具、工件、物料的布局管理，特制定本制度。

二、适用范围

本制度适用于生产现场所有生产设备。

三、具体内容

（1）生产现场的物料、半成品、成品等必须按照操作顺序，整齐的放入指定的区域，并有安全可靠的固定措施，禁止乱摆、乱放。

（2）生产所用的工位器具、模具、夹具、量具等必须放到指定的地方，防止混乱或坠落伤人。

（3）生产用物料必须限量放入生产现场，以免造成地方拥挤或其他事故。其具体存放量的标准如下：

①白班不超过加工额的1.5倍，夜班不超过加工额的2倍。

②大件物料必须按照额度领取，禁止超过当班的生产额度存放。

（4）在生产现场码放各种物料时不得超高，一般码放高度不允许超过2.5m（物品单位超高除外），高度与宽度的比例不超过2∶1；易滚动的物品要有垫块进行固定；堆垛的底部要牢靠，垛与垛之间的间距要合理，便于吊装和搬运。

范例03：××公司防尘、防毒及防噪声管理规定

一、编制目的

为充分保障现场员工的健康和人身安全，特制定本制度。

二、适用范围

本制度适用于生产现场所有员工。

三、具体内容

（1）生产现场要注意防尘、防毒。加强防尘、防毒设备的检查检修与保养工作，确保设备于作业时间内正常运转，确保设备的主管道与支管道无破裂、泄漏的状况。

（2）用于防尘、防毒设备的滤料或组件应根据其使用说明书定期更换，保证其完好有效。

（3）生产现场所产生的噪声要符合国家规定的标准，超过标准的要限期整改。

（4）对于产生噪声的设备和流程，生产部门应会同技术部门，通过采用新技术、新工艺、新设备或新物料等手段使得生产现场的噪声符合标准。

（5）针对新建、改建、扩建或引进工程项目，及采用新技术、新工艺、新设备、新物料等所产生的噪声水平，必须严格执行鉴定审查流程。未进行鉴定或鉴定结果不合格的，一律不准施工和投入生产。

范例04：××公司现场温湿度管理规定

一、编制目的

为了掌握现场温度及湿度变化情况，控制温湿度变化对员工的生产、生活健康的影响，特制定本制度。

二、适用范围

本制度适用于适用全厂所有生产车间。

三、具体内容

1. 职责划分

（1）各车间负责本车间的温度、湿度的登记及温湿度计的维护管理工作。

（2）部门负责人监督登记工作及相关车间采取的相应处理措施是否妥当。

2. 工作程序

（1）各车间在显眼处挂温湿度计，并做登记工作及填写相关的处理事项。

（2）各车间必须每天填写“温湿度检查表”，做好车间温湿度记录并保存。

（3）发现温湿度计不准确时，应及时更换。

（4）湿度在60%～80%属正常，高于80%时，应注意电器防潮，相对湿度50%以下为干燥气候，要注意防火。

（5）适宜于作业的温度为16～30℃，30℃以上需做好防暑工作，如货仓温度高于29℃，即须做好相应防暑措施。防暑措施包括：开窗通风，地面洒水，开启风扇、空调，给员工提供凉茶或防暑降温饮料等，并保存相关记录。

（6）温度在16℃（轻便工种除外）至5℃（轻便工种）时，应通知员工做好防寒、保暖工作。防寒保暖措施包括：关好门窗，有电热扇、空调的车间应开启电热扇、空调等调节温度，适当时工厂可给员工提供姜汤等祛寒物质，并保存相关记录。

（7）外界气温在4℃以下时，如车间温度低于此温度，应暂停工作。

（8）气温在36℃以上时，要调整工作时间，避开高温时间作业。

3. 相关记录

填写温湿度检查表。

范例05：××公司生产车间5S管理标准

一、编制目的

为加强对生产车间的5S管理，保证良好的现场环境，特制定本制度。

二、适用范围

本制度适用于公司所有生产车间。

三、具体内容

1. 生产车间5S管理

（1）生产现场要求有定置图。定置图要求相对位置基本准确；区域划分清晰鲜明。

（2）工房周围、房顶无杂物、杂草，不得存放废弃设备、设施。

（3）门窗完好，玻璃齐全、干净，门窗及窗台、玻璃清洁无灰尘、无料迹。

（4）物料、容器分类摆放整齐，不同物料有间距，并挂有品名标志牌。室内不得存放与生产无关的杂品。

（5）地面没有积水、落尘，无卫生死角，无杂物，对于洒落的物料要及时清理。

（6）车间使用的各种容器要标明所装物料的名称，使用时放置整齐，保持洁净。

（7）清场后的工具、容器要清洁无异物，无前次产品的遗留物。

（8）墙壁无料迹、灰尘，无涂抹及刻痕，墙皮无脱落，顶棚洁净、完好。

（9）墙壁上各种标牌张贴端正，距地面高度一致，室内各种规章制度标示整齐，无灰尘。

（10）走廊及楼梯无明显脚印及污迹，扶手无尘土，楼道、走廊不得存放无关的生产用具或其他物品。

（11）照明设施及开关完好，照明设施及防护罩无尘土。

（12）各种原辅物料、半成品、成品的存放区域要有明确的区分和界限。

（13）生产区域中各种可移动的物品要设置定置区。

（14）消防器材的放置不影响生产现场的正常操作，便于取用、醒目，可放置于特制的架上，或按要求挂于符合规定高度的固定位置，有明显标志，严禁随意挪用。

（15）各种管道、管线排列整齐，保温层包扎完好，管道上无灰尘、无料迹，无“跑”“冒”“滴”“漏”现象。

（16）操作间内桌椅存放完好，无损坏、无划痕。

（17）卫生工具使用后是否放于定置区内。

（18）垃圾桶应有固定存放区，除早班定期清理外，垃圾要及时清理，积存垃圾不得超过垃圾桶的2/3，不得用物料周转桶装运垃圾。

（19）抹布用后洗好晾干叠整齐放于规定处。

（20）员工进行生产操作前，必须按规定穿戴好工作服及防护用品。

2. 车间库房5S管理

（1）库房内各种物品的摆放与定置管理图相一致，各种物品的标识要清楚，库内无与所存货物无关的物品。

（2）各仓库及库区存放的物品不能阻碍消防器材及消防通道的使用。

（3）对于各种露天存放的货物，要有防雨、防潮措施，存放区域要有定置线和标识牌。

（4）货架层上物品标识要清楚，摆放整齐，货架及物品整洁无尘土、污垢。

（5）各种物品的领用要有台账，能够清楚确切地反映物品的使用情况。

（6）库房的温、湿度符合物品存放规定。

（7）各区域工作现场对蚊蝇、虫、鼠定期进行杀灭，并定期进行清理。

（8）成品库中各品种间区分明显，没有无标识的物品存在。

（9）原料药的堆高不超过5件，成品的堆放要做到齐、方、正、直，平稳、牢固。要求货物离墙0.5m、货行间距0.5m。

（10）库房内的道路畅通无阻。

范例06：××公司车间定置管理制度

一、编制目的

为使车间干净、整洁，更适于工作，及开展定置工作，特制定本制度。

二、适用范围

本制度适用于企业所有生产车间。

三、具体内容

1. 定置管理的对象

（1）生产用品：原辅料、中间产品、成品、包装物料、设备及其他与生产有关的用品。

（2）生产操作用品：运输工具、计量器具、工器具等。

（3）维修用品：工具箱、物料箱、备件箱等。

（4）清洁用品：扫把、拖布、废品储存器、吸尘器、抹布等。

（5）操作记录用品：桌椅、台账、记录本、笔、资料柜等。

（6）劳保、安全用品：更衣柜、消防设施等。

（7）生活用具：手提包、衣物等。

2. 定置管理程序

（1）定置管理由各部门负责人负责，组织岗位人员对生产现场中人与物的状态进行分析，使物品的管理规范化。

（2）定置管理按如下顺序进行：作业、动作分析，确定定置对象、定置点、定置数量、定置物负责人，并检查考核。

3. 生产设备定置要求

应按工艺流程合理布局，使加工物料按同一方向顺序流动，避免重复往返。

4. 生产用品定置要求

（1）原辅料、中间产品、成品、包装物料等要分类定置。

（2）原辅料放置在原辅料暂存室；中间产品、尾料等存放在中间站；内包装物料存放在内包材暂存室；外包装物料存放在外包材暂存室；标签等标示物存放在标签室（柜）。

5. 生产操作用品定置要求

（1）运输工具定位，随用随推，用完就位。

（2）计量器具标志清楚，摆放整齐，保持清洁，位置合理。

（3）工器具应存放在车间工器具存放室，在规定的位置上摆放整齐，挂好状态标志。

6. 维修用品定置要求

工具箱、物料箱（库）、备件箱，均有各自的定置，并分类定位。箱（库）内物品的存放要整齐有序、清洁，没有与生产无关的物品，保证定置物品数量准确。

7. 清洁用品定置要求

拖布、抹布等放在洁具室内，废物储存器要定期清理，保持清洁，定点放置。

8. 操作记录用品定置要求

符合生产管理的需要，记录、台账要摆放整齐。

9. 劳保、安全用品定置要求

（1）更衣柜内，衣物、鞋、帽要分类存放。

（2）消防器具数量和定置位置要符合消防安全规定摆放整齐，并应有明显的标记。

10. 生活用具定置要求

生活用具应摆放整齐。

11. 各类物品、用具分类定置要求

定置区标志线清楚、明显，物品摆放整齐有序，并有明显的标记。

12. 其他要求

（1）定置区域严禁摆放不属于本定置区的物品。

（2）保持定置物品及环境的卫生，每班应清扫、除尘，符合所在区域生产环境要求。

（3）工具与用具按部就位，使用完毕后及时归位，使用者负责对其进行清洁，相关保管人员负责清点数量。

本章回顾

学习心得：

1. ______________________________
2. ______________________________
3. ______________________________
4. ______________________________
5. ______________________________

序号	员工难处	解决方法

第六章

怎样进行现场安全管理

Q：我知道生产安全教育工作非常重要，但怎样开展呢？

A：你可以采取多种形式进行生产安全教育，如经常性安全教育、“四新”和变换工种教育、安全继续工程教育等，当然这要根据具体情况决定。

Q：那么怎样做好现场安全防护呢？

A：安全防护是保障现场员工安全生产的重要方法，你首先要做好设备的防护，因为设备是造成员工受伤的重要因素，其次要为员工配备好个体防护用品，并督促员工做好个体卫生保健工作。

Q：我认为消防安全管理也十分重要，那么该怎样开展相关工作呢？

A：消防安全管理任何时候都非常重要，你要做好消防设备管理，做好火灾扑救工作，同时定期组织消防演习，以提高消防安全管理水平。

备注：Q是指Question，是一位新任职的现场主管在提问。

A是指Answer，是一位具有丰富管理经验的现场主管在回答问题，并通过回答带领新主管进入本章内容的学习。

第一节　现场安全管理基础知识

学习目标：

1. 了解现场安全生产教育的类别与特点，重点掌握安全检查的内容。
2. 学会进行现场安全防护。
3. 掌握消防安全管理知识。
4. 掌握危险源的类别以及预防方法、控制措施。

知识01：安全生产教育

只有进行安全教育，增强全体人员安全生产责任感，掌握安全生产的科学知识，提高安全操作的技能和贯彻执行各项安全规章制度的自觉性，才能确保现场生产安全。

1. 经常性安全教育

经常性安全生产教育的形式有多种，可以根据具体情况进行安全教育。

（1）采用安全活动日、安全会议、安全技术交流、黑板报、事故现场会、安全教育陈列室、放映安全电影和录像、安全考试、安全竞赛等。

（2）在生产过程中坚持班前布置安全、班中检查安全、班后总结安全的制度和员工违章离岗安全教育、安全事故责任者安全教育等。

2. 安全继续工程教育

（1）教育范围。继续工程教育是指那些已经受过大专院校教育，并已走向工作岗位的科技、管理人员和企业领导者，经过一定时期，必须继续接受安全知识和劳动保护新知识的教育。

（2）教育内容及要求。它是从不同专业、不同水平等具体情况出发安排学习内容，组织专修的，因此要具有较强的针对性、理论性和实用性。这一层次的教育，主要是对专职从事安全管理的领导、企业主管安全的负责人、安全工程技术人员的培训教育，特别是新任职的领导必须经安全专业培训，在考试合格后才能上岗工作。

3. 日常安全教育方法

日常安全教育方法具体如下所示。

形式	说明
宣传画	宣传画主要分为两类。正面宣传画，说明小心谨慎、注意安全的好处。反面宣传画，指出粗心大意、盲目行事的恶果
影片	通过影片有条理地阐述安全生产的各项要领，且更生动有趣
展览	展览是以非常现实的方式使员工了解危害和怎样排除危害的措施。展览与有一定目的的其他活动结合起来时，可以取得最佳的效果
报告、讲课和座谈	报告、讲课和座谈也是安全宣传教育的有力工具。特别是在新员工入厂时，通过这种形式的安全教育可以使他们对安全生产问题有概括的了解
杂志、简报	定期出版安全杂志、简报，还有描述新的安全装置、操作规则等方面的调查和研究成果，以及预防事故的新方法等有图示说明的文章
安全竞赛和安全活动	经常开展深入细致的安全竞赛和安全活动，可以提高员工安全生产的积极性，应该把安全竞赛列入企业的安全计划中去。可以在车间班组间进行安全竞赛，对优胜者给予奖励

专家点拨：

企业必须对员工进行安全生产教育，这是国家法律规定的。《安全生产法》第二十一条规定，生产经营单位应当对从业人员进行安全生产教育和培训，保证从业人员具备必要的安全生产知识，熟悉有关的安全生产规章制度和安全操作规程，掌握本岗位的安全操作技能。未经安全生产教育和培训合格的从业人员，不得上岗作业。

知识02：现场安全防护

安全防护就是做好准备和保护，以应付攻击或者避免受害，从而使被保护对象处于没有危险、不受侵害、不出现事故的安全状态。

1. 设备的防护

设备的防护能有效防止操作事故。常见的防护设备如下所示。

固定或障碍防护器	固定或障碍防护器，通常都优于其他防护器的使用。它用来防止接近设备的危险部分，使操作人员不易取走或挪为他用。一般固定防护器有交织钢丝、拉伸铁皮、穿孔铁皮、围屏、护栏等
连锁防护器	当固定防护器不适用时，连锁防护器是最好的选择。当设备发动时，连锁防护器自动将设备封锁，使操作者不会触及危险部分。当连锁防护器打开时，设备就不能运转。例如车床的护栏、盖子，注塑机的安全门、安全杆等
自动防护器	当固定、连锁防护器都不适用时，就可选择自动防护器。自动防护器能自动将员工的手指、手臂或身体与危险部分拉开

2．配备个体防护用品

对于生产中必不可少的安全帽、安全带、绝缘产品、防毒面具、防尘口罩等员工个人特殊劳动防护用品，必须根据特定工种的要求配备齐全，并保证质量。对于在易燃、易爆、烧灼及有静电发生的场所作业的员工，禁止发放、使用化纤防护用品。劳动防护用品穿戴要舒适方便、经济耐用。

身体各主要部位防护用品的要求具体如下所示。

头部的防护用品	为防止掉落物体砸伤头部的安全帽、头盔。为防止头发被卷入设备的头帽、头巾。为防止员工受到火星、热金属的伤害，头帽应用耐火材料制作。为通风透气，头帽可用中空编织材料制作
眼睛的防护用品	为防止飞砂、热金属泼溅、可见光的危害，可采用杯形镜。为防止红外线、紫外线等强光刺激，可采用安全透镜。纱网镜可以保护眼睛不被溅伤
防护面具	塑胶质的的脸部防御物品一般被用来保护脸和眼睛不被光线冲击。防毒面具用于避免化学药品、毒气的伤害。一般用口罩防尘及防止传染
脚和腿的防护用品	安全鞋在搬运重物或锐利物时使用，也可减少在火炉旁工作的火星溅伤。为防止铁钉等锐利物，鞋底应采用特殊材质。在潮湿和打滑的地面，鞋底应有防滑结构
其他防护用品	如各种手套和工作服等

专家点拨：

为员工配备防护用品是国家法律规定，《中华人民共和国职业病防治法》第二十三条规定，用人单位必须采用有效的职业病防护设施，并为劳动者提供个人使用的职业病防护用品。

3．尘毒监测

（1）对生产环境中的粉尘、毒物等有害因素，应根据国家的规定设定监测点，定期进行测定。

（2）当测试人员现场测定时，人员应很好地配合，使测定结果能客观反映作业场所的实际情况，避免出现误差或假象。

（3）应把尘毒和有害因素的测定结果，定期在岗位上挂牌公布。当测定结果超过国家卫生标准时，就应及时查找原因，针对原因及时处理。

4．健康体检

（1）新员工刚入厂时，要进行预防性体检。这种体检一方面可以及早发现是否有职业禁忌证，例如患有哮喘的病人，不适宜从事有刺激性气体的作业。另一方面可以作为员工的一种基础健康资料，便于今后对比观察，做好保健工作。

（2）老员工应根据具体情况，定期进行体格检查。间隔时间为一年或两年，最长不超过四年检查一次，以便早期发现病情，早期进行矫治。

知识03：消防安全管理

1．消防设备管理

（1）消防设备定位与标示。消防设备定位与标示的内容如下所示。

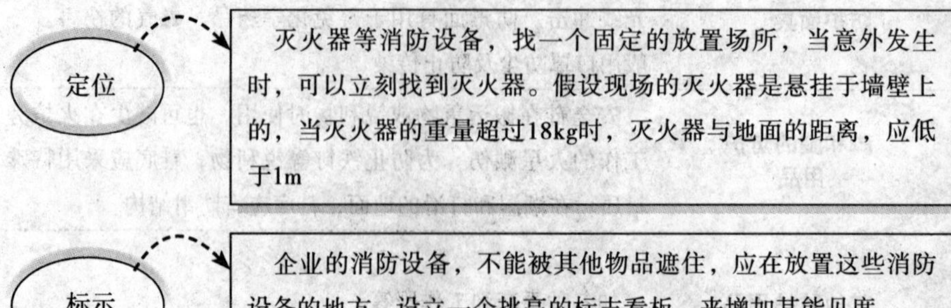

（2）设立消防设备禁区。消防设备前面一定要保持通畅，这样才不会造成取用时的阻碍。为了避免被其他物品占用，在消防设备的前面，一定要设立消防设备安全区。为提醒人员注意，可在安全区画上“老虎线”，以醒目的标志进行提醒。

（3）消防设备检查。企业安全管理人员应定期进行消防设备检查，确认能够正常使用。对不能正常使用的消防设备，必须及时维修、更换或报废。每次检查必须有明确的记录。企业管理者也应定期或不定期抽查消防设备，以示企业对消防工作的重视。

2. 火灾扑灭

（1）引起火灾的原因。引起火灾的原因包括：违反电气安装安全规定，如导线选用、安装不当、违反安全操作规定，如违章使用电焊气焊、乱扔未熄灭的烟头、火柴杆或在禁止吸烟处违章吸烟、物品受热自燃；植物堆垛受潮自燃；自然原因，如雷击起火等。

（2）火灾的报警。报警是指当火灾发生时，通过电话报警、手动报警（按钮报警、击破报警）、自动报警（烟感报警、温感报警）等方式进行火灾警报的措施。报警方法有电话报警（119）、手动报警（按钮报警、击破报警）、自动报警（烟感报警、温感报警）。电话报警的流程如下所示。

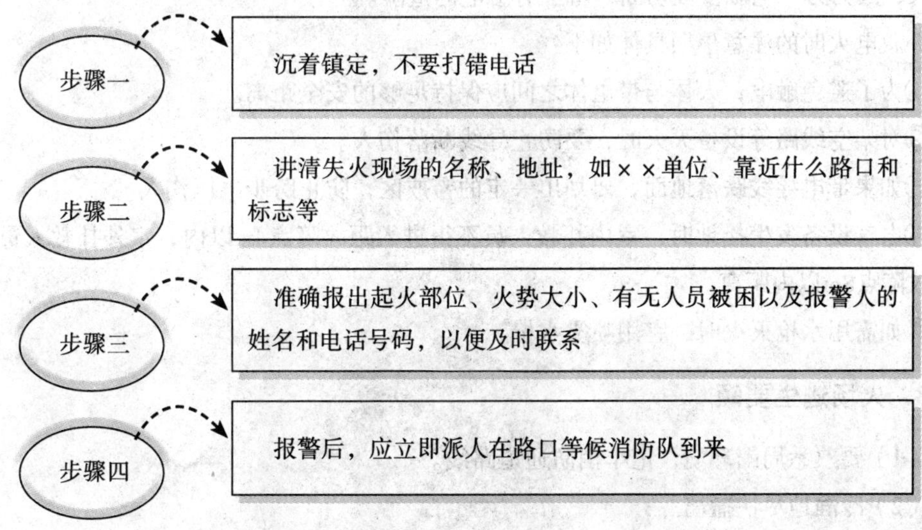

（3）常用灭火方法。常用灭火方法包括隔离法、冷却法、窒息法、抑制法等，具体如下所示。

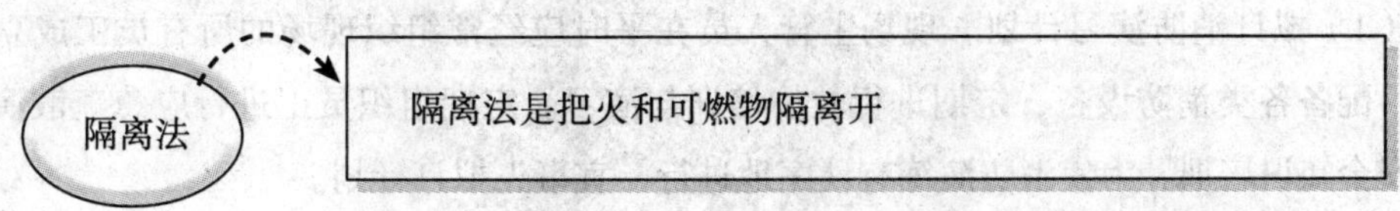

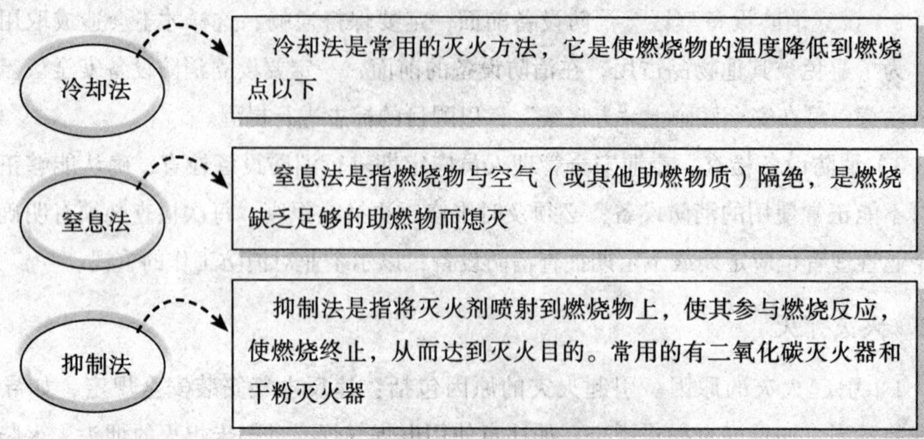

（4）电火的扑灭。电火主要是由短路、过载、接触不良等原因引起的，由于电火的特殊危险性，必须认真处理。发生电火时，最重要的是必须先切断电源后救火，并及时报警。

应选用二氧化碳灭火剂、1211灭火剂或黄沙灭火，但不要将二氧化碳喷射到人体的皮肤和脸上，以防冻伤和窒息。在没有确知电源已被切断时，绝对不允许用水或普通灭火器来灭火，因为万一电源没被切断，就会有触电的危险。

扑救电火时的注意事项具体如下：

①为了避免触电，人体与带电体之间应保持足够的安全距离。

②对架空线路等设备灭火时，要防止导线断落伤人。

③如果带电导线跌落地面，要划出一定的警戒区，防止跨步电压伤人。

④电气设备发生接地时，室内扑救人员不得进入距故障点4m以内，室外扑救人员不得接近故障点8m以内距离。

⑤如需用水枪灭火时，宜用喷雾水枪。

3．火场逃生要领

（1）要熟悉周围环境，记牢消防通道路线。

（2）冷静地尽快撤离。

（3）要利用消防通道，不可进入电梯。

（4）用各种合适的方法逃生，如身边的绳索或床单、窗帘等自制简易救生绳。

4．开展消防演习

（1）拟订消防演习计划。现场主管人员在平时应经常组织现场的所有员工成立消防组织，配备各类消防设备，定期进行救护培训与演习。定期组织员工进行应急疏散演练及消防安全知识培训。为使消防演练有秩序地进行，宜事先拟订计划。

（2）消防演练实施。在计划规定的日期内安排相关人员参演，另外，要预备好场地、物资等。每一次演练完成后，要做一次总结，对演练效果、演练中发生的问题、注意事项都做出分析，并为将来的安全防火培训工作提出建议。

知识04：危险源的识别与控制

危险源是指具有潜在能量和物质释放危险的，在一定的触发因素作用下可转化为事故的部位、区域、场所、空间、岗位、设备及位置。

1．危险源的状态

危险源的状态主要包括危险源的正常、异常和紧急三种状态，如下所示。

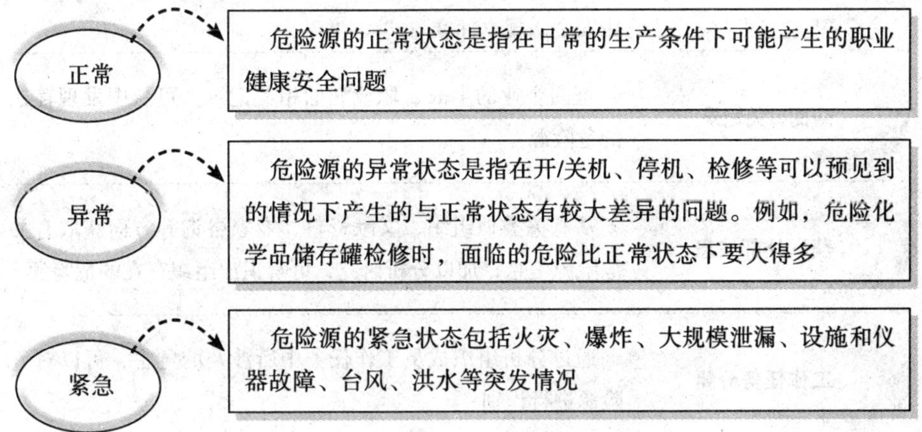

2．危险源出现的常见场所

辨识危险源应注意企业中存在危险源的业务活动和活动场所，如下所示。

厂址：涉及从厂址的工程地质、地形、自然灾害、周围环境、气象条件、资源交通、抢险救灾支持条件等方面进行危险源的辨识

厂区平面布局：涉及功能分区（生产、管理、辅助生产、生活区）布置，高温有害物质、噪声、辐射、易燃易爆危险品设施布置。风向、安全距离、卫生防护距离以及运输线路及装卸地点等

建筑物：涉及结构、防火、防爆、朝向、采光、运输、通道（操作、安全、运输、检修等通道）、生产卫生设施等

组织的活动：包括临时工作任务、相关方的活动（产品设计开发—采购—生产制造—测量与监控—交付—服务）

3. 危险源辨识的方法

常用的辨识方法如下所示。

方法	说明
询问、交谈	在企业中，可以向有丰富工作经验的老员工，学习请教。从他们指出的危害中，可初步分析出工作中所存在一、二类危险源
问卷调查	通过事先准备好的一系列问题，通过到现场察看及与作业人员交流沟通的方式，来获取职业健康安全危险源的信息
现场观察	通过对作业环境的现场观察，可发现存在的危险源。从事现场观察的人员，要求具有安全技术知识并掌握职业健康安全法规、标准
查阅有关记录	查阅企业的事故、职业病的相关记录，可从中发现存在的危险源
获取外部信息	从有关类似组织、文献资料、专家咨询等方面获取有关危险源信息，加以分析研究，可辨识出组织存在的危险源
工作任务分析	通过分析组织成员工作任务中所涉及的危害，可以对危险源进行识别
安全检查表	运用已编制好的安全检查表，对组织进行系统的安全检查，可辨识出存在的危险源

4. 危险源的控制

危险源控制是利用工程技术和管理手段消除、控制危险源，防止危险源导致事故、造成人员伤害和财产损失。对危险源的控制主要有技术控制、个人行为控制和管理控制三种方法。

技术控制是指采用技术措施对危险源进行控制，主要技术有消除、控制、防护、隔离、监控、保留和转移等。

个人行为控制是指控制人为失误，减少人不正确行为对危险源的触发作用。人为失误的主要表现形式有：操作失误，指挥错误，不正确的判断或缺乏判断，粗心大意、厌烦、懒散、疲劳、紧张、疾病或生理缺陷，错误使用防护用品和防护装置等。

对危险源实行管理控制，可以采取以下措施：

（1）建立健全危险源管理的规章制度。危险源确定后，在对其进行系统分析的基础上建立健全各项规章制度，包括岗位安全生产责任制、危险源重点控制实施细则、安全操作规程、操作人员培训考核制度、日常管理制度、交接班制度、检查制度、信息反馈制度、危险作业审批制度、异常情况应急措施和考核奖惩制度等。

（2）明确责任、定期检查。根据各危险源的等级，确定好责任人，明确其责任和工作。特别是要明确各级危险源的定期检查责任。除了作业人员必须每天自查外，还要规定各级领导定期参加检查。

（3）加强日常管理。严格要求作业人员贯彻执行有关危险源日常管理的规章制度。搞好安全值班和交接班，按安全操作规程进行操作。按安全检查表进行日常安全检查。危险作业经过审批等。所有活动均应按要求认真做好记录。领导和安全技术部门定期进行严格检查考核，发现问题，及时给以指导教育，根据检查考核情况进行奖惩。

（4）及时整改隐患。建立健全危险源信息反馈系统，制定信息反馈制度并严格贯彻实施。对检查发现的事故隐患，应根据其性质和严重程度，按照规定分级实行信息反馈和整改，做好记录。

（5）做好考核评价和奖惩。现场主管人员应对危险源控制管理的各方面工作制定考核标准，并力求量化，划分等级。定期严格考核评价，给予奖惩并与班组升级和评先进结合起来。逐年提高要求，促使危险源控制管理水平不断提高。

知识05：安全检查

安全检查是企业安全生产的一项基本制度，也是安全管理的重要内容之一，有利于检查和揭露不安全因素以及预防和杜绝安全事故。

1．安全检查的方式

安全检查的方式具体如下所示。

经常性检查	经常性检查是指安全技术人员和车间、班组管理人员对安全生产的抽查、日查、周查、月查
定期检查	定期检查是由企业或主管部门组织的，按规定日程和周期进行的全面安全检查
专业性检查	专业性检查是根据企业特点，组织有关专业技术人员和管理人员，有计划、有重点地对某项专业范围的设备、操作、管理进行的检查，如防火防爆、制度规章、防护装置、电器保护等

2. 安全检查的常见内容

安全检查的常见内容如下所示。

类别	内容
安全管理	（1）有无悬挂安全规程 （2）安全标语和标志悬挂情况 （3）各项安全记录填写、存档状况
安全组织	（1）是否建立安全责任制 （2）义务消防队员是否有计划地开展工作 （3）班组安全员建设情况
电气安全	（1）电气设备是否接地接零 （2）电气线路是否符合要求 （3）电气保护装置是否符合要求
岗位安全	（1）遵守安全操作规程情况 （2）操作人员精神状况 （3）操作人员动作安全性
设备管理	（1）设备开关装置完好性 （2）设备防护装置可靠性 （3）设备保养检修情况
升降机及搬运安全	（1）吊车安全操作规则执行情况 （2）是否遵守搬运安全规定 （3）升降机定期检查记录情况

知识06：安全应急预案管理

为了避免突发事故时的慌乱，企业必须做好应急预案，以便及时、合理地处理安全事故。

1. 应急预案的含义

应急预案的含义如下：

（1）基于在某一处发现的潜在事故及其可能造成的影响所形成的一个正式书面预案，该预案描述了在现场和场外怎样处理事故及其影响。

（2）重大危险设施的应急预案应包括对紧急情况的处理。

（3）应急预案包括现场应急预案和场外应急预案两个重要组成部分。

（4）企业应确保遵守符合国家法律规定的标准要求，不应把应急预案作为在设施内维持良好标准的替代措施。

2. 危险评估

（1）对于现场和场外的应急预案的第一步来说，企业应系统地确定和评估在它的设施上能产生什么样的事故，并导致紧急事件。

（2）现场和场外应急预案，这种分析应基于那些容易产生的事故，但其他虽不易产生却会造成严重后果的事故也应考虑进去。

（3）企业所做的潜在事故分析应指明被考虑的最严重事件、导致那些最严重事件的过程、非严重事件可能导致严重事件的时间间隔、如果非严重事件被中止，它的规模怎样、事件相关的可能性、每一个事件的后果等，如果有必要，应从供应商处索取危险物质的危害性质的说明。

3．现场应急预案管理

（1）预案制定的依据。预案制定的依据为危险评估即事故后果分析，包括对潜在事故的描述、对泄露物质数量的预测、对泄漏物质扩散的计算及有害效应的评估。

（2）现场应急预案包括的内容。现场应急预案的内容应包括潜在事故性质、规模及影响范围、危险报警和通信联络步骤和方法、与政府及各紧急救援服务机构的联系、现场事件主要管理者（总指挥）及其他现场管理者的职权、应急控制中心的地点和组织、危险现场人员的撤离步骤、非现场但可能影响范围内人员的行动原则、设施关闭程序、节假日等特殊情况的安排。

4．应急预案管理的注意事项

（1）每一个危险设施都应有一个现场应急预案。

（2）应急预案由企业制定并实施。

（3）企业负责人应确保应急所需的各种资源（人、财、物）及时到位。

（4）企业负责人应与紧急服务机构共同评估是否有足够的资源来执行这个预案。

（5）应急预案要定期演习。

（6）确保现场人员和应急服务机构都知道。

（7）根据内外情况的变化，对应急预案进行评估和修改。

5．预案评估与修订

（1）在制定预案和演练过程中，企业应让熟悉设施的工人包括相应的安全小组一起参与。

（2）企业应让熟悉设施的工人参加应急预案的演习和操练。与设施无关的人，如高级应急官员、政府监察员也应作为观察员监督整个演练过程。

（3）每一次演练后，企业应核对该预案是否被全面检查并找出缺点。

（4）企业应在必要时，修改应急预案，以适应现场设施和危险物的变化。

（5）这些修改应让所有与应急预案有关的人知道。

知识07：安全事故防范与处理

安全事故是指企业在生产经营活动（包括与生产经营有关的活动）中突然发生的，伤害人身安全和健康，或者损坏设备设施，或者造成经济损失的，导致原生产经营活动（包括与生产经营活动有关的活动）暂时中止或永远终止的意外事件。

1. 安全事故发生的原因

尽管安全事故的发生有许多的原因，但最主要就是“物”与“人”两种要素，两种要素造成事故的情况如下所示。

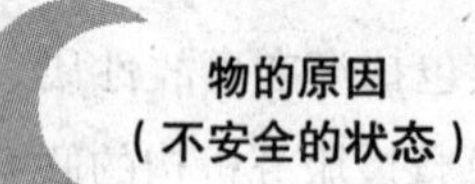

物的原因（不安全的状态）

（1）设施构造不良（如地板容易滑倒等）

（2）机械、器具、设备的缺陷（不完全的机械设备与工具等常是造成员工作业伤害最主要的原因）

（3）安全装置与标志不良

（4）采光与照明不完全

（5）其他条件

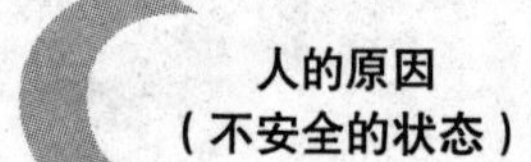

人的原因（不安全的状态）

（1）程序分配、作业方式、作业时间等条件的安排有不合理的问题产生

（2）基本作业知识与技术不足

（3）企业内的作业指导与教育培训工作没有彻底执行

（4）员工身体不适

（5）共同作业上联络不充足

2. 安全事故防范

（1）实行安全生产确认制。安全生产确认制是确认、确信、确实的总称。在作业之前和作业中针对本岗位的安全要点和易发生伤害事故的因素，必须确实认定、确实可靠、确实准确地去执行。

①安全确认制的必要性

有统计分析发现以下4类不安全行为是导致事故发生的主要因素。

——确认行走路线是否安全而导致的事故，占事故发生频数的8.5%，一般为重伤以上事故。

——未确认上级的指令出现误操作而导致的事故，占事故发生频数的6.5%，一般为重伤以上事故或设备事故。

——未确认操作对象及环境是否安全而导致的事故，占事故发生频数的6.5%，一般为一人轻伤以上事故。

——开停车、停送电时未对系统检查确认而导致的事故，占事故发生频数的5%，一般为多人重伤以上事故。

为此，实行安全确认制，以此规范生产作业人员操作行为，控制和消除员工习惯性违章，是企业搞好安全生产、预防事故的一项重要活动内容。

②确认方法

确认方法如下所示。

手指呼唤法	手指呼唤法是指用手指着作业对象操作部位，用简练的语言口述或呼喊，明确操作要领，然后再进行操作。这可以简述为“一看、二指、三念、四核实、五操作”。例如，在巡视检查锅炉的工作状况时可以用手指着锅炉的仪表，眼睛看着显示的数字，并且呼喊：“×炉号，压力10，温度200℃，正常！”
模拟操作法	对于复杂重要的工作，在采用手指呼唤的同时还应实行模拟操作，经过模拟操作，确认无误后方可正式进行操作，模拟操作最好实行操作票制度，即把正确的操作步骤、方法写在操作票上，逐项核对、确认，然后进行操作。必要时，应该由两个人同时进行确认，即一人监护，一人操作
无声确认法	无声确认法是指默忆和简单模仿正确的作业方法，“一停二看三通过”即属此类。这种确认方法不能有效动员起作业人员的积极性，只能用于简单的作业
呼唤应答法	对于互相配合的作业则采取呼唤应答法确认。即一方呼唤，另一方应答，第一方确认应答正确了，命令执行再进行操作，呼唤应答的同时，还应辅以适当的手势和动作

(2)危险信息要及时沟通。危险信息沟通是指在现实的生产活动中，人们采用各种手段、仪器装置向生产现场的工作人员传送各种事故隐患、生产条件等方面的信息，都是为了让工作人员及时了解工作现场的情况，始终保持警戒的思想，加强自我保护，从而达到预防事故的目的。

3. 安全事故的处理

发生事故时，负伤人员或最先发现的人应立即报告直接管理人员，并进行相应处理。处理程序如下所示。

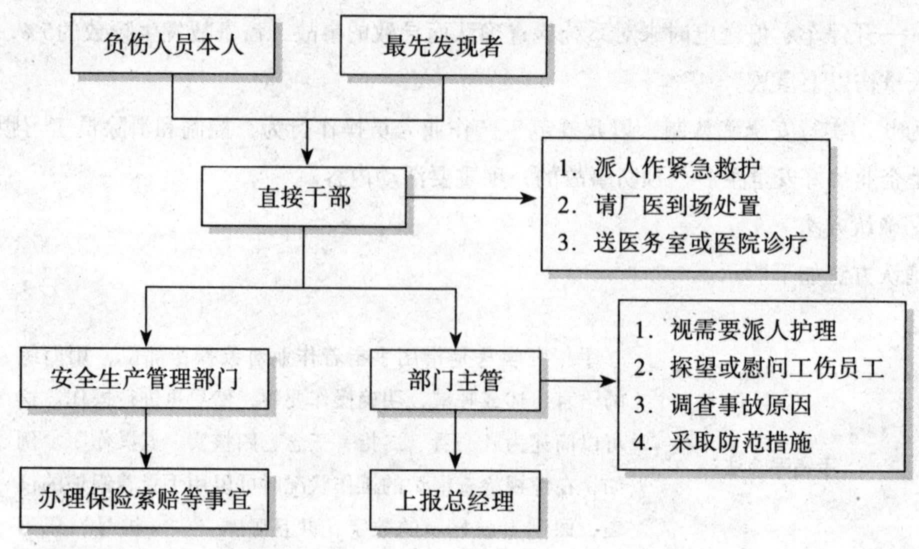

4. 事故紧急处理措施

事故往往具有突然性，因此事故发生后要保持头脑清醒，切勿惊慌失措，以免扩大生产和人员的损失和伤亡。一般按以下顺序处理：

（1）切断有关动力来源，如气（汽）源、电源、火源、水源等。

（2）救出伤亡人员，对伤员进行紧急救护。

（3）大致估计事故的原因及影响范围。

（4）及时寻求援助，同时尽快移走易燃、易爆和剧毒等物品，防止事故扩大，尽量减少损失。

（5）采取灭火、防爆、导流、降温等紧急措施，尽快终止事故。

（6）事故被终止后，要保护好现场，以供调查分析。

专家点拨：

一旦发生生产安全事故，企业必须认真做好处理工作。国家相关法律法规对生产安全事故的处罚非常严厉，《生产安全事故调查与报告管理条例》第四十条明确规定，事故发生单位对事故发生负有责任的，由有关部门依法暂扣或者吊销其有关证照。因此，企业必须在日常工作中做好安全管理工作，避免造成事故。

第二节　现场安全管理实景解读

学习目标：

1. 了解生产安全壁板及相关漫画。
2. 了解常见生产安全标志，如静电区域标志、设备操作安全警示标志等。
3. 了解消防安全管理责任卡的内容，并学会自行制作。

实景01：安全标语宣传

企业可以将生产安全工作的一些要点以简单的标语方式展示出来，进行宣传。

本图中将安全生产与安全隐患结合起来，强调只有消除了安全隐患，才能保障安全生产。

实景02：生产安全漫画宣传

通过安全教育，强化作业人员的安全意识，提高安全管理的效率，具体可通过漫画的方式给员工留下深刻的印象。

本图所示漫画形象地传达了触电的危险，警告来往人员注意。

实景03：配备防护用品

生产现场应为员工配备必要的防护用品，保护员工安全。

本图所示为作业场所专用的指套，保护员工的手指免受伤害。

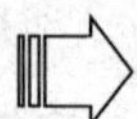

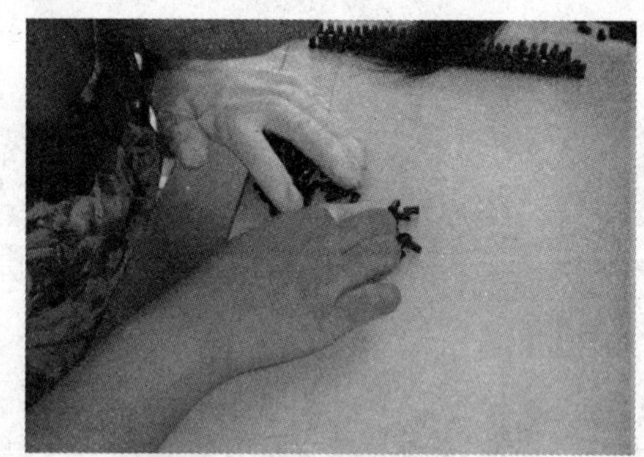

实景04：危险区域标示

企业应在现场的一些危险区域张贴警示标志。

静电对人体的危害是非常大的，本图所示为静电区域的警示标志，警告相关人员不得靠近。

实景05：设备操作安全警示

生产现场应在容易造成危险的设备上张贴警示标志。

本图中，该设备表面张贴着“小心夹手”的安全警示，提醒操作人员注意安全。

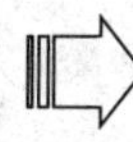

实景06：张贴危险警示标志

生产现场应在一些危险区域、设备周围贴上警示标志。

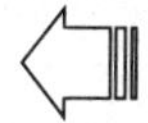

本图所示为一高压设备上张贴“电力危险”的警示标志警示，以警示员工不得靠近。

实景07：设置消防安全区域

在生产现场消防设备周边区域应设置专门的安全区域。

本图中消火栓的下面用鲜明的红色油漆线标明了区域，该区域内禁止放置其他物品。

实景08：消防设备标示

生产现场放置消防设备的地方必须做好标示，提醒员工了解其位置，以便发生火情时及时取用。

本图所示为消火栓，上头红色的向下箭头标示着消火栓的位置。

实景09：设备伤害事故处理

设备伤害事故发生时，要紧急停止设备运行。

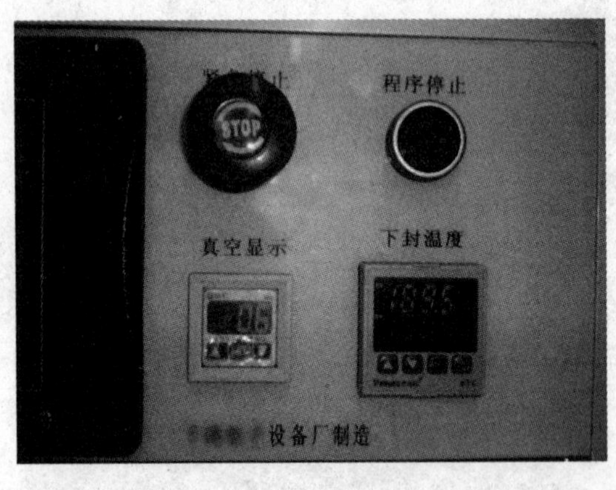

本图中的设备设置了紧急停止、程序停止两个按钮，当事故发生时，可以按住，立刻阻止事故的持续发生。

第三节　现场安全管理实战范例

学习目标：

1. 了解安全检查与隐患整改制度的常见样式。
2. 了解消防安全管理规定的常见样式，学会自行制定。
3. 学会制定生产安全事故应急预案。

范例01：××公司安全检查与隐患整改制度

一、目的

建立良好的工作环境，及时发现生产中的不安全因素，迅速消除事故隐患、防止事故发生、改善员工劳动条件。

二、适用范围

适用于公司生产现场的全体员工。

三、内容

1. 检查类别

（1）厂级检查。由公司高层管理人员开展的安全检查。

（2）车间检查。由车间主任组织主管及部门安全员负责对本车间进行定期安全检查。

（3）班组检查。由班组长组织本班组人员对本班组的设备进行周期性检查。

（4）机动巡查。由保安部保安员负责对全厂进行周期性巡查。

（5）专业检查。由维修部主管及领班、相关技术人员组成。负责对全厂特种设备、特种作业、电气、危险仓电气设备等进行专业性的安全检查。电梯、压力容器、行车等特种设备由维修保养公司负责定期安全检查、年审，维修部负责日常运行检查。

2. 检查频次

（1）日常检查。针对日常工作中的场所环境进行检查。公司高层每月组织各部门对全厂进行一次大检查。各车间每周对本车间进行一次大检查。各班组每天对本班组区域进行交接班前后与工作中的日常性检查。

（2）季节性检查。是指根据季节特点，为保障安全生产所进行的检查。在每年6月雷雨季节到来之前由维修部对全厂生产设备、建筑物进行一次全厂检查。气象预报台风到来之前，由安全办组织相关人员对全厂进行一次大检查。

（3）机动检查。是指对厂区范围内的消防安全进行定期巡查。公司机动检查组在企业正常上班时间必须每1小时对全厂巡查一次。企业夜间下班锁门后及节假日放假期间，必须每4个小时巡查一次，并做好检查记录。

3. 检查范围及内容

（1）安全操作规程：查是否建立各岗位安全操作规程或操作指引，员工对操作程序和要求是否明确（提问或查培训记录）；员工是否有违章操作的行为现象（查现场或记录）。

（2）安全检查：查是否建立了各级安全检查组，各检查组是否按公司检查制度进行安全检查，是否及时落实安全整改（查检查整改记录是否存盘）。

（3）安全宣传教育：一查新入厂员工是否接受了厂级与岗前培训（查培训内容和记录）。二查特种作业人员是否持有效操作证上岗（查证件）。三查是否有开展安全宣传教育活动。

（4）用电安全：各种电气设备档案是否齐全（图样数据、运行使用记录、保养维修记录、故障处理记录）；电气线路敷设是否规范，有无乱拉乱接现象存在。

（5）机械设备：是否建立机械设备及其各种保护装置使用管理制度，现场设备前是否张贴安全操作规程或操作指引；是否定期开展机械设备及其各种保护装置安全检查和维修保养（查检查和维修保养记录）。

（6）作业环境：通风、照明、噪声是否符合作业要求，通风、照明，屏蔽设备、设施是否完好。生产材料、半成品、成品和废料等有无乱堆乱放，过道和安全出口是否通畅。

4. 安全隐患的整改及处理

（1）通过检查发现安全隐患后，实时向安全责任部门及安全责任人下发“隐患整改通知书”。

（2）安全责任部门及安全责任人在接到检查组的“隐患整改通知书”后，必须及时对存在的安全隐患予以整改。

（3）检查组于整改期限到期后跟踪整改结果，如责任部门没按要求整改或拒绝整改的，将依据公司的安全生产奖惩制度对相关安全责任人予以处罚。

范例02：××公司生产车间消防安全管理规定

一、编制目的

为了加强职业危害防治管理，明确职责，提高职业危害防治的水平，切实保障作业人员在劳动过程中的职业健康与人身安全。结合本公司管理实际情况，特制定本制度。

二、适用范围

本公司各部门。

三、具体内容

（1）为贯彻公司的防火安全制度，保证员工人身和设备安全，使生产顺利进行，针对生产车间环境特点，特制定本规定。

（2）车间内要保持环境清洁，各种物料码放整齐并远离热源，注意室内通风。

（3）保证车间内防火通道畅通，出口、走道处严禁摆放任何物品。

（4）车间内不得私接乱拉电源、电线，如确实需要，需报生产部经理批准，由动力设备室办理。用后及时拆除。

（5）使用各种设备必须严格遵守操作规程，严禁违章作业。

（6）燃油锅炉运行期间，要加强巡视，发现异常及时处理。

（7）避免各种电气设备、线路受潮和过载运行，防止发生短路，酿成事故。

（8）车间内不禁使用明火，如确实需要，须征得保安部同意，采取有效的安全措施后，方可使用。使用期间须由专人负责，使用后保证处理妥当。

（9）车间消防员按时对本部门内各部位进行检查，出现问题及时报告。

（10）车间内，消防设备及设施必须由专人负责，定点放置，定期检查，保证完好无损，随时可用。

（11）当日工作结束前，应检查车间内所有阀门、开关、电源是否断开，确认安全无误后方可离开。

（12）发现火灾险情要积极扑救，并立即报警同时向保安部报告。

（13）本规定由生产部制定和检查，报生产总监批准后自发布之日起执行。

范例03：××公司车间消防安全岗位责任制

一、车间主任防火责任

（1）根据公司的要求，认真贯彻消防文件、指示，把消防工作纳入公司的议事日程，责任到人。

（2）发挥各级管理人员、党员、团员的作用，加强义务消防队的建设，提高干部职工的消防业务技能，提高消防安全意识。

（3）对消防组织人员，情况工作布置，消防检查，基础资料，消防设备，重点部位处所，联络图表、火警标志，底数清。做到同计划，同布置，同检查，同总结，同评比，同奖惩。

（4）加强对消防设备的管理，维护保养工作，设专人负责，并根据生产情况，安排一定数量的消防业务学习和训练，提高灭火作战能力。

（5）一旦发生火灾，爆炸，要及时报告，组织力量扑救，保护现场，维护秩序。遵循“三不放过”的原则，查明原因，制定措施，对造成损失的责任者提出处理建议。

二、各工长、班长防火责任

（1）严格贯彻执行上级的指示精神，遵守班中、班后的检查规章制度，发现问题及时处理。

（2）充分调动消防员、安全员的积极性，经常对职工进行防火教育，做好违纪职工的思想工作，收存好各种防火资料，记录学习、活动情况，做到账物相符、底数清。

（3）在工作中达到四同时，加强重点部位的消防措施和器材设备的检查、保管工作。

（4）发生火灾时，积极组织扑救，并及时汇报情况，负责协助分析原因，找出责任者，制定新措施。

三、义务消防队员、安全员消防责任

（1）认真学习贯彻执行上级消防文件精神，积极宣传消防知识，协助车间主任、工长，做到预防为主。

（2）经常检查消防工作，发现问题及时向车间主任、工长汇报，有权提出整改措施和建议。

（3）经常检查各种消防设备的管理情况，加强业务训练和消防知识学习，提高防火能力。

（4）协助车间主任、工长做好防火工作，主动当好参谋，做到服从命令，听从指挥。一旦发生火灾积极扑救，力争把火灾造成的损失控制在最低限度。

范例04：××公司车间生产安全事故应急预案

为确保企业安全生产，保障职工和周边单位、居民的生命安全，防止重大事故的发生并能在事故发生后快速有效地处理并开展救援行动，最大限度地减少损失，本着“预防为主、自救为主、统一指挥、分工负责”的原则，结合本车间实际制定本预案。

一、基本情况

1. 车间及周边平面布置简图

（略）

2. 车间的逃生方向，安全出口，疏散路线图

（略）

二、应急设备设施明细表

（略）

三、应急组织机构

（1）事故应急救援指挥领导小组及职责分工（见安全责任制度）

（2）应急联络

联系电话为：火警（119）、匪警（110）、急救（120）。

四、事故应急处理程序

1. 报警

应急事件发生后，发现人应迅速报告当班班长，当班班长迅速报告车间主任。在逐级上报的同时，采取有效应急措施实施救援行动。

2. 接警

车间主任接到报警后，应迅速赶赴现场，启动车间应急预案，并根据应急事件种类、严重程度、本单位能否控制初期事件等考虑因素，决定是否启动上一级应急救援预案。如果应急事件不足以启动上级应急预案，则组织现场人员按本预案要求，采取有效应急措施实施救援，如果险情排除，则恢复正常状态。如果险情未能排除，则启动上级应急预案。

3. 怎样报警

应急事件发生后，如不能控制应迅速报警，根据应急事件种类确定报何种警。首先拔打所报警电话号码（见应急联络表），接通后，报单位、应急事件种类、发生部位、介质、报警人姓名、所用电话号码等。

4. 指挥程序

应急事件发生初期，当班班长负责指挥应急事件的处理工作，当上一级指挥人员到达现场后，汇报现场情况，配合上一级指挥，并听从上一级指挥调度。指挥的步骤内容如下：

（1）迅速查清事故发生的位置、环境、规模及可能产生的危害。

（2）迅速组织医疗、后勤、保卫等部门各司其职。

（3）迅速通报灾情，通知相关方做好必要的准备工作。

（4）保护或设置好避灾通道和安全联络设备。撤离灾区人员，划清警戒范围并实施警戒。

（5）采取必要的自救措施，力争迅速消灭灾害，并采取隔离灾区的措施，转移灾区附近易引起灾害蔓延的设备和物品，撤离或保护好贵重物品，尽量减少损失，对灾区普遍进行安全检查，防止死灰复燃。

（6）保护好现场，为开展事故调查做好准备。

五、事故应急措施

人员按车间平面图所示方向逃生，出车间后再按车间周边平面布置图所示疏散方向紧急疏散、撤离现场。危险区进行隔离并保护现场受伤人员现场救护、救治与医院救治。

（1）遵循“先救人、后救物，先救重伤、后救轻伤”的原则，实施受伤人员救护。

（2）在专业医院救治能力相当时，遵循就近就医的原则。

六、应急设备、器材使用方法

MF型手提式干粉灭火器的适用范围：适用于易燃、可燃液体、气体及带电设备的初起火灾，不能扑救金属燃烧的火灾。

使用方法见灭火器说明书。

维护保养：

（1）正立在固定场所，严禁潮湿、日晒、撞击。

（2）每年检查一次瓶内干粉是否结块，检查CO_2是否充足，年泄漏量不得大于充装重量的5%。

范例05：××公司事故调查、报告与处理程序

一、编制目的

为了建立一个有效的事故处理机制，对已经发生和正在发生的事故，尽可能快地做好调查，做好事故报告和处理工作。采取有效预防措施，防止事故扩大和减少事故损失，特制定本程序。

二、适用范围

本程序适用于公司范围内的事故报告、调查与处理。

三、具体内容

1. 事故报告

事故报告内容包括事故发生的时间、地点、部门、简要经过、伤亡人数和采取的补救措施等。

（1）事故发生后，负伤者或事故现场有关人员应当直接或逐级报告厂长。

（2）发生轻伤事故，应立即报告班组长、车间主任等现场主管人员。发生重伤事故除立即报告公司领导外，应急指挥中心并在24小时内报告厂长。发生伤亡事故，除按上述要求报告外，应在48小时内向当地环保、消防、劳动、安监部门报告。

（3）重、特大事故发生后，在报告的同时，应按“应急准备和响应程序”要求，开展求援工作，防止事故扩大。

（4）发生火灾事故后，应立即向公司义务消防队报警。发生生产、设备、交通事故等应立即向公司职能部门报告，并尽快通知公司办公室和其他相关部门。

（5）当公司员工确认患有职业病后，现场主管人员应填写职业病报告卡，并按有关规定上报公司领导。

2. 事故调查责任

（1）轻伤事故及一般事故由现场主管人员负责调查，组织有关人员进行，并于3日内将调查报告报公司、相关职能部门。

（2）重伤事故由公司管理者代表或指定人员组织各部门及应急指挥中心组成事故调查小组进行调查。

（3）死亡事故由公司、公司主管部门会同劳动部门、环保部门、消防部门、公安部门、安监部门组成的调查组进行调查。重大伤亡事故，应按《企业职工伤亡事故报告和处理规定》进行调查。

3. 成立事故调查组

非伤亡的重大、特大事故由管理者代表组织有关部门及应急指挥中心组成事故调查组进行调查，并在10天内写出事故调查与处理报告。事故调查组的职责如下：

（1）查明事故发生的原因、过程、人员伤亡、经济损失等情况。

（2）确定事故责任者。

（3）提出事故处理意见和预防措施建议。

（4）写出事故调查报告。

4. 事故处理

（1）事故调查组提出的事故处理意见和防范措施建议，应先由事故部门负责处理，并将处理意见上报公司现场主管人员或其他职能部门。

（2）对于重伤、死亡或非伤亡的重特大事故，管理者代表应组织、主持召开事故现场会，与会人员应包括事故部门、相关部门人员及应急指挥中心等有关负责人。

（3）事故处理应以防止类似事故再发生为原则。

（4）公司及生产、设备等职能部门，对已经结束的事故处理结果，以通报形式，下发至环保及职业卫生安全管理体系所覆盖的各部门，以达到事故预防的目的。

（5）对职业病患者处理方法：患有职业病职工应享受的待遇，按《企业职工工伤保险试行办法》执行。现场主管人员应根据禁忌证的要求，对职业病患者安排合适的工作岗位，并办理相应的手续。

5. 支持性文件

（略）

6. 相关记录

（略）

本章回顾

学习心得：

1.

2.

3.

4.

5.

序号	员工难处	解决方法

第七章

怎样进行现场品质管理

Q：要生产出良好的产品，必须做好现场工艺管理工作，那么该怎样做好这类工作呢？

A：现场工艺管理是一项非常重要的工作，因为所有产品都是按照一定的工艺流程生产出来的。首先你要准备好技术文件，如各类作业指导书等，然后校正设备和工艺装备等，这是确保现场生产品质不可或缺的一步。

Q：那么怎样进行生产过程检验呢？

A：生产过程检验包括很多步骤，如首件检验、巡回检验、完工检验等，每一步检验都非常重要，都需要你认真做好。

Q：生产现场难免会产生不良品，那么怎样防治不良品呢？

A：首先你要了解不良品产生的原因，然后明确相关责任人的职责，然后再从各个方面做好不良品的防治工作。

备注：Q是指Question，是一位新任职的现场主管在提问。

A是指Answer，是一位具有丰富管理经验的现场主管在回答问题，并通过回答带领新主管进入本章内容的学习。

第一节　现场品质管理基础知识

学习目标：

1. 了解现场工艺管理的基本内容，学会开展现场工艺管理工作。
2. 了解品质方针与目标的内容，掌握其制定与修订要点。
3. 掌握来料品质检验、制程品质检验等检验工作要领。

知识01：现场工艺管理

工艺管理就是在生产产品过程中，针对产品的品质控制而对各种影响因素设置的具有约束性的规定。主要的管理内容如下：

1. 准备技术文件

技术文件是工艺管理的一项重要依据，其品质好坏将直接影响生产和品质检验的效果。

（1）技术文件种类。根据生产特点，与工艺管理有关的技术文件主要包括以下两类：

①产品图样和技术标准。

②工艺文件。包括各种工艺流程图、工艺性分析资料、工艺方案、工序操作卡等。

（2）备齐技术文件。准备各类技术文件时，要做到正确、完整、统一，具体要点如下所示。

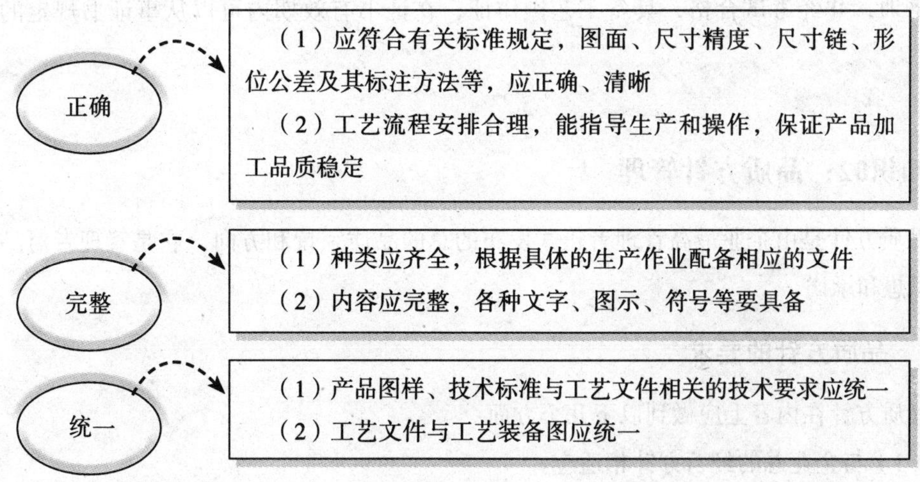

2. 校正设备和工艺装备

设备和工艺装备是贯彻工艺和确保稳定生产优质产品的物质条件。它们的技术状况直接影响产品品质。

除设备型号或工艺装备编号应符合工艺文件规定外，所有生产设备和工艺装备均应保持精度和良好的技术状态，以满足生产技术要求。量具、检具与仪表应坚持周期检定，保证量值统一，精度合格。不合格的设备和工艺装备不能用于生产和品质检验。各种校正好的设备和工艺装备不能任意拆卸、移动。

3. 正确使用物料与在制品

在使用各种物料与在制品时，应注意以下要点：

（1）材质、规格符合工艺要求。

（2）在现场要进行正确、安全地装卸、搬运和移动。

4. 选定操作人员

操作人员处于贯彻工艺、遵守工艺纪律、保证稳定生产优质产品的支配地位（超支配作用的工艺因素）。操作人员的工艺纪律是一项最重要的内容。所以，要根据作业需要选定符合资格的操作人员。

具体要点为：

（1）技术等级应符合工艺文件的规定，实际技术水平与评定的技术等级相吻合，确已达到本序对操作人员的技术要求。

（2）单件小批和成批生产，关键和重要的工艺实行定人、定机、定工种。大批量生产，全部工序实行定人、定机、定工种。

（3）精、大、稀设备的操作人员，应经考试合格并获得设备操作证。

（4）特殊工序的操作人员，例如锅炉、压力容器的焊工和无损检测人员等，应经过专门培训，并经考试合格，具备工艺操作证，在证书有效期内可以从事证书规定的生产操作。

知识02：品质方针管理

品质方针是由企业最高管理者正式发布的总的品质宗旨和方向，它是管理者对品质的指导思想和承诺。

1. 品质方针的要求

品质方针在内容上应做到以下几个方面：

（1）与企业总的经营方针相适应。

（2）对满足顾客、法律、法规的要求和持续改进品质管理体系的有效性作出承诺。

（3）从产品品质要求和顾客满意的角度出发作出承诺。

（4）提供制定和评审品质目标的框架。

2．品质方针的制定程序

（1）分析内外部环境

①企业的内部环境包括企业的规模、体制、运行机制、人财物等资源，以及员工的需求和期望等。

②外部环境包括顾客和其他相关方的需求和期望、竞争对手状况、供方和合作者等。

（2）清理企业的经营思想。清理经营思想的目的，是根据第一步的分析结果来确定企业的经营发展战略。

（3）经过反复讨论、修改形成品质方针。

①确定起草方针的人员。品质方针由谁起草都可以，甚至可以广泛征求方案或草案。

②起草后的品质方针要经过上上下下的讨论和修改。“上”，是指管理层；“下”，是指与实施品质方针直接相关的部门和人员，有时甚至应“下”到一般员工。一般情况下，企业的中层领导、品质管理人员必须参加讨论和修改。

（4）最高管理者批准后发布。

3．品质方针的具体内容

（1）确定标题。例如，××公司品质方针。

（2）明确核心内容

①品质方针的核心内容可以是简明扼要的几条规定，也可以是几条定性的品质目标（注意：品质方针所规定的品质目标一般不是定量的，定量的品质目标应划入品质目标管理范畴），还可以是几条企业处理品质问题的原则。不管哪种情况，都应包括最高管理者对品质的承诺。

②为了使员工容易理解，便于记忆，可以将上述内容编成顺口溜，但不要让过分简化的顺口溜来代替品质方针。

（3）实施品质方针的措施。这些措施可以是宏观的、有原则性的，但必须有。例如，要使全体员工理解品质方针，在企业内部发生有关冲突时要用品质方针来解决。

（4）最高管理者签名及公布实施日期。品质方针要经最高管理者签署后才生效，因此必须有最高管理者的签名及公布实施日期。

专家点拨：

品质方针不是一个部门的事情，它对整个企业的品质工作起着极为重要的指导工作，因此，必须经过最高管理者，如总经理批准，方能予以实施，现场各级主管人员应当为品质方针的制定提供参考意见。

4．品质方针的宣传与沟通

品质方针必须让员工理解并实际运用，因此必须进行宣传与沟通，具体可采取以下方式：

（1）利用制定品质方针的机会，在全企业展开提升品质管理水平的讨论，吸引员工的注意。

（2）品质方针制定出来后，不能停留在文件上，而应让员工都能了解。

①利用宣传栏、黑板报、标语、手册等进行宣传。

②可以通过早读、开会讲解等形式宣传。

③在宣传中组织员工进行讨论。例如，品质方针与每个员工有什么关系，在实际工作中怎样运用品质方针等。

（3）在遇到重大品质问题时，要重温品质方针。例如，若发生了重大品质事故或在品质与其他工作发生冲突时，可以进行这样的讨论。通过讨论，可以加深员工对品质方针的理解。

（4）品质方针的宣传不能只刮一阵风，之后就偃旗息鼓。例如，可以规定，每月进行一次品质方针教育（组织可以开展品质日活动）。在新员工到岗时，也应进行品质方针教育。

（5）开展文化娱乐活动，将品质方针宣传形象化、趣味化。如定期进行品质知识竞赛、开展“我为企业做贡献”演讲或征文比赛、征集有关漫画等。

知识03：品质目标管理

品质目标是在品质方面所追求的目的，通常依据品质方针制定。

1．品质目标的要求

（1）品质目标应建立在品质方针的基础上，在品质方针给定的框架内展开。品质目标既要先进，又要有实施的可能性。

（2）品质目标应是可测量的。

（3）品质目标内容上包括：产品要求；满足产品要求所需的内容，可涉及满足产品要求所需的资源、过程、文件和活动等。

（4）品质目标应展开到有关的职能部门及层次上。至于展开到哪一层次，应以能传达到相关人员并能转化为各自的工作任务为度，不一定要展开到每个岗位。

2．目标的制定步骤

（1）找出问题点。问题点就是为实现品质方针和品质目标必须解决的重要问题，包括不合格、缺陷、不足、与先进的差距等。

（2）根据问题点制定品质目标。根据整理并列入制定品质目标的问题点，提出具体的品质目标。根据问题点确定的品质目标往往具体、有针对性，而且又有一定的挑战性，实施起来比较容易。

品质目标确定后，还可以进一步细化成各部门、车间、班组和每个员工的具体奋斗目标。

3．品质目标的宣传和传达

为了使员工认识理解品质目标，企业应当做好以下工作：

（1）及时公布企业的品质目标，必要时用简洁的语言来表达，使员工能一见就懂，一读就能记住。

（2）通过品质目标的层层展开，将企业的品质目标落实到具体部门，直至落实到员工个人头上。

（3）将品质目标转化为员工的工作任务，使员工切身体会实现品质目标的过程。

（4）对品质目标的实施情况进行考核或检查，督促员工加深对品质目标的理解。

（5）采用多种宣传形式宣传品质目标。如学习、讨论、黑板报、广播、标语、征文比赛、知识竞赛等。

4．品质方针实施

实施也就是把品质目标转化为员工各自的工作任务，因此必须做到以下几个方面：

（1）将“措施计划”规定的各项措施转化为员工的工作任务。措施计划的各项措施，有的可能是与日常工作相关的，有的可能只是临时性任务。对前者来说，主要是按规定加强品质控制，使其达到规定的品质目标；对后者来说，则应按规定的完成日期，将该项措施规定的任务分解到适当的时间里，一项项或一步步地去完成。

（2）将日常工作与完成品质目标相结合。

（3）建立完善的考评体制。企业应有一整套考评办法，应当将品质目标的考评纳入其中。如实行内部合同制、承包责任制、任务完成考核制、业绩和收入挂钩制、品质奖惩制、品质否决权制等。

（4）在实施过程中，要注意组织、协调和控制。

5．品质目标测量与考核

品质目标完成情况怎样，应定期进行测量。对企业的年度品质目标的完成情况，至少应在年中和年末进行两次大的测量。与正常工作直接相关的品质目标，则应按月进行测量。

（1）对按月进行测量的品质目标进行统计。按月进行测量的品质目标一般涉及品质指标或其他生产经营指标，如产销售指标、顾客投诉指标等。对这样的指标应每月统计，并与历史同期及预定目标进行对比。

（2）年中和年末的测量。可以采用检查和考核两种方法进行。品质目标中涉及的品质管理体系工作，可以通过内部审核来测量，将审核结果与品质目标进行对比，以确定是否达到规定的要求。

（3）对测量的结果一定要进行考核，并进行必要的奖惩。对品质目标完成得好的部门或人员，应及时表彰奖励，以促使他们更努力。对完成得不好的部门或人员，应在查清原因、分清责任、制定纠正措施的基础上，给予必要的惩处。

知识04：来料检验品质控制

1．来料检验准备工作

一般来说，来料的物料管理员在清点好物料数量与包装方式后，会立即发IQC检验通知单，通知IQC部门执行物料检验。IQC主管拿到IQC检验通知单后，应立即做好来料检验人员安排与工具准备工作。

2．开展检验派工工作

一旦品检任务下来，IQC主管要根据实际情况来确定检验任务，进行派工，派工时要注意以下两点：

（1）派工要看工时。

（2）派工要有针对性。

3．准备好检验标准

良好的检验标准一般包括检验说明书和检验报告书两类。在检验工作开始前，品质经理就应当组织专门人员准备好标准。

（1）检验说明书。检验说明书已经制定检验操作步骤与检验方式，检验人员检验时必须严格按照检验说明书执行。

（2）来料检验报告。来料检验报告已经写好检验项目的标准，只等检验人员按照实际结果去填写报告。

4. 开展来料检验工作

IQC部门在接到仓库的通知后，安排人员到来料暂放区进行检验。IQC检验通常使用抽样检验方法，即IQC人员根据已拟订的抽样计划，从每一批中抽取一定数量的样品进行检验。

在抽样之前，通常会拟订一个抽样计划，根据检验的特性，抽样计划可以分为计数值抽样（检验缺陷和不良料）、计量值抽样（对物料的各种重要且可量测的特性做检验）、特检分析抽样（主要是可靠性分析或成分分析）等。具体情况如下所示。

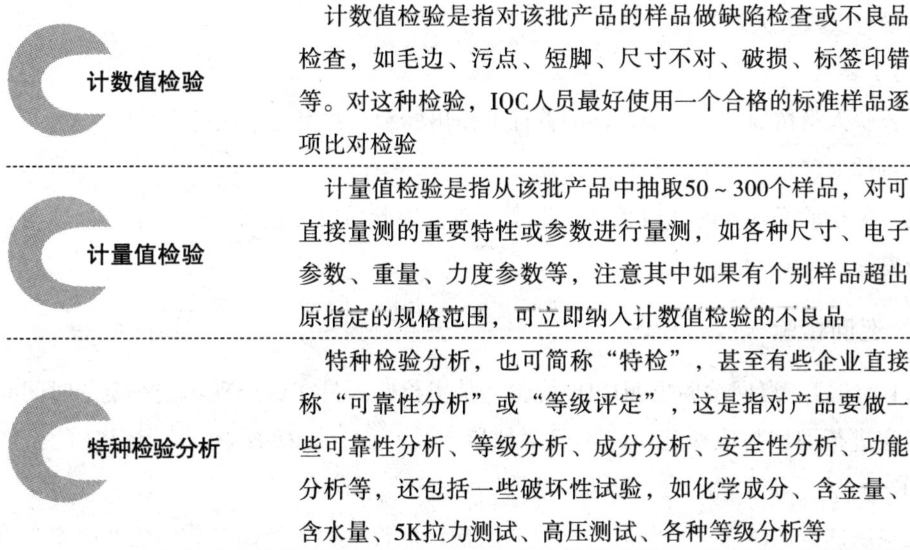

5. 来料检验结果处理流程

来料检验完毕后，对检验结果的处理流程如下所示。

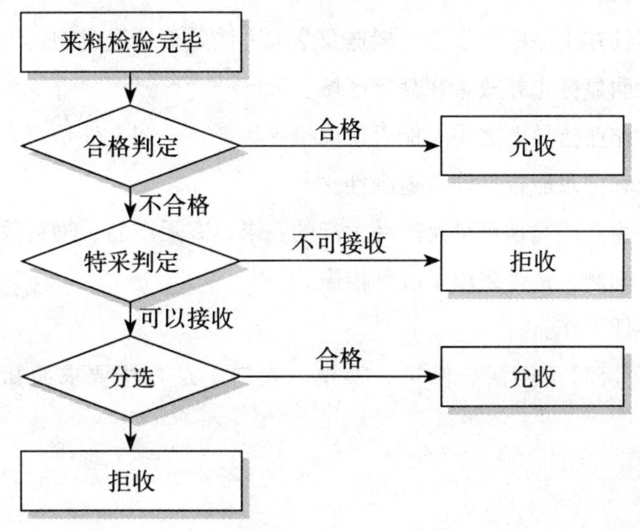

知识05：制程品质检验

制程品质检验是指来料入库后，至成品组装完成之前所进行的品质检验活动。

1. 首件检验

首件检验是在生产开始时（上班或换班）或工序因素调整后（如换人、换料、换活、换工装、调整设备等）对制造的第1件或前几件产品进行的检验。目的是尽早发现过程中影响产品品质的系统因素，防止产品成批报废。

（1）操作人员。首件检验由操作人员、检验人员共同进行。操作人员首先进行自检，合格后送检验人员专检。

（2）要求

①检验人员按规定在检验合格的首件上作出标示，并保留至该批产品完工。

②首件未经检验合格，不得继续加工或作业。

③首件检验必须及时，以免造成浪费。首件检验后要保留必要的记录，如填写首件检验记录表等。

2. 巡回检验

（1）内容。巡回检验也叫IPQC检验，是指检验人员在生产现场按一定的时间间隔对制造工序进行巡回品质检验。它不仅要抽检产品，而且要检查影响产品品质的生产因素（4M1E——人、机、料、法、环境）。

巡检以抽查产品为主，而对生产线的巡检，以检查影响产品品质的生产因素为主。生产因素的检查内容包括：

①当操作人员有变化时，对人员的教育培训以及评价有无及时实施。

②设备、工具、工装、计量器具在日常使用时，有无定期对其进行检查、校正、保养，是否处于正常状态。

③物料和零部件在工序中的摆放、搬送及拿取方法是否会造成物料不良。

④不良品有无明显标志并放置在规定区域。

⑤工艺文件（作业指导书之类）能否正确指导生产，工艺文件是否齐全并得到遵守。

⑥产品的标志和记录能否保证可追溯性。

⑦生产环境：生产环境是否满足产品生产的需求，有无产品、物料散落在地面上。

⑧对生产中的问题，是否采取了改善措施。

⑨员工能否胜任工作。

⑩生产因素变换时（换活、修机、换模、换料）是否按要求通知检验人员到场验证等。

（2）要求

①检验人员应按照检验指导书规定的检验频次和数量进行，并做好记录。

②应把检验结果标示在工序控制图上。

（3）问题的处理。巡检中发现的问题应及时指导作业者或联系有关人员加以纠正。问题严重时，要适时向有关部门发出纠正和预防措施要求单，要求其改进。

3. 完工检验

完工检验是指对全部加工活动结束后的半成品、零件进行的检验。完工检验的工作包括验证前面各工序的检验是否已完成，检验结果是否符合要求，即对前面所有的检验数据进行复核。

（1）要求。应该按照作业指导书、产品图样、抽样方案等有关文件的规定，做好完工检验工作，严格禁止不良品投入装配。

（2）重点

①核对加工件的全部加工程序是否全部完成，有无漏序、跳序的现象存在。在批量的完工件中，有无尚未完成或不同规格的零件混入。必要时采取纠正和预防措施，以防止问题再次发生。

②核对被检物主要品质特性值是否真正符合规范要求。

③复核被检物的外观，对零件的倒角、毛刺、磕碰、划伤应予以特别注意。

④被检物应有的标志是否齐全。

4. 末件检验

末件检验是指成品加工完成后，对加工的最后一件或几件进行检验验证的活动。它应由检验人员和操作人员共同进行，检验合格后，双方应在末件检验记录表上签字，并把记录表和末件实物（大件可只要检验记录）拴在工装上。

专家点拨：

末件检验是产品正式成型的最后一步，极为重要，它的工作质量好坏直接决定着最终产品的质量，因此，生产现场可以为该次检验设置“双岗”，即由两位检验人员进行检验，以确保产品合格。

知识06：不良品的防治

不良品是指一个产品单位上含有一个或一个以上的缺点。进行不良品控制，一方面要明确相关责任人的职责；另一方面要分析不良品产生的原因。

1．不良品产生的原因

不良品产生的原因有很多，具体分析如下所示。

方面	原因
设计和规范方面	（1）含糊或不充分 （2）不符合实际的设计或零部件装配，公差设计不合理 （3）图样或资料已经失效
机器和设备方面	（1）加工能力不足 （2）使用了已损坏的工具、夹具或模具 （3）缺乏测量设备、测量器具（量具）
物料方面	（1）使用了未经试验的物料 （2）用错了物料 （3）让步接收了低于标准要求的物料
操作和监督方面	（1）操作人员不具备足够的技能 （2）对制造图样或指导书不理解或误解 （3）机器调整不当 （4）监督不充分
过程控制和检验方面	（1）过程控制不充分 （2）缺乏适当的检验或试验设备 （3）检验或试验设备未处于校准状态

2．明确相关责任人的职责

（1）作业人员。通常情况下，对作业中出现的不良品，作业人员（检查人员）在按检查基准判明为不良品后，一定要将不良品按不良内容区分放入红色不良品盒中，以便现场主管人员作不良品分类和不良品处理。

（2）现场主管人员

①现场主管人员应定期对生产线出现不良品情况进行巡查，并将各作业人员工位处的不良品，按不良内容区分收回进行确认。

②对每个工位作业人员的不良判定的准确性进行确认。如果发现其中有不良品，要及时送回该生产工位与该员工确认其不良内容，并再次讲解该项目的判定基准，提高员工的判断水平。

③对某一项（或几项）不良较多的内容，或者是那些突发的不良项目进行分析（不明白的要报告上司求得支援），查明其原因，拿出一些初步的解决方法，并在次日的工作中实施。

若没有好的对策方法或者不明白为什么会出现这类不良时，要将其作为问题解决的重点，在次日的品质会议上提出（或报告上级领导），从而通过他人以及上司（技术者、专业者）进行讨论，从各种角度分析、研究，最终制定一些对策方法并加以实施，然后确认其效果。

④当日的不良品，包含一些用作研究（样品）或被分解报废等所有不良品都要在当日注册登录在现场主管人员的每日不良统计表上，然后将不良品放置到指定的不良品放置场所内。

3．不良品的控制措施

（1）制定不良品控制办法，规定不良品的标示、隔离、评审、处理和记录办法，并对员工进行培训。

（2）明确各部门、岗位的作业规范。

（3）明确部门之间、岗位之间、上下工序之间的接口。

（4）制定企业品质标准。

（5）制定检验部门职责及作业规范。

（6）制定不良品的隔离管制办法。

（7）明确划分不良品评审的责任与权限。

（8）加强对不合格现象的统计分析，以防止不合格现象的重复产生。

知识07：不良品的标示

为了确保不良品在生产过程中不被误用，企业所有的外购货品、在制品、半成品、成品以及待处理的不良品均应有品质识别标志。

1．选择标志物

（1）标志牌。标志牌是由木板或金属片做成的小方牌，按货品属性或处理类型将相应的标志牌悬挂在货物的外包装上加以标示。

根据企业标志需求，可分为“待验”牌、“暂收”牌、“合格”牌、“不合格”牌、“待处理”牌、“冻结”牌、“退货”牌、“重检”牌、“返工”牌、“返修”牌、“报废”牌等。标志牌主要适用于大型货物或成批产品的标示。

（2）标签或卡片。该标志物一般为一张标签纸或卡片，通常也被称为“箱头纸”。使用时将货物判别类型标注在上面，并注明货物的品名、规格、颜色、材质、来源、工单编号、日期、数量等内容。在标示品质状态时，QC员按物品的品质检验结果在标签或卡片的“品质”栏盖相应的QC标志印章。

（3）色标。色标的形状一般为一张正方形（2 cm × 2 cm）的有色粘贴纸。它可直接贴在货物表面规定的位置，也可贴在产品的外包装或标签纸上。

色标的颜色一般分为绿色、黄色、红色三种，如下所示。

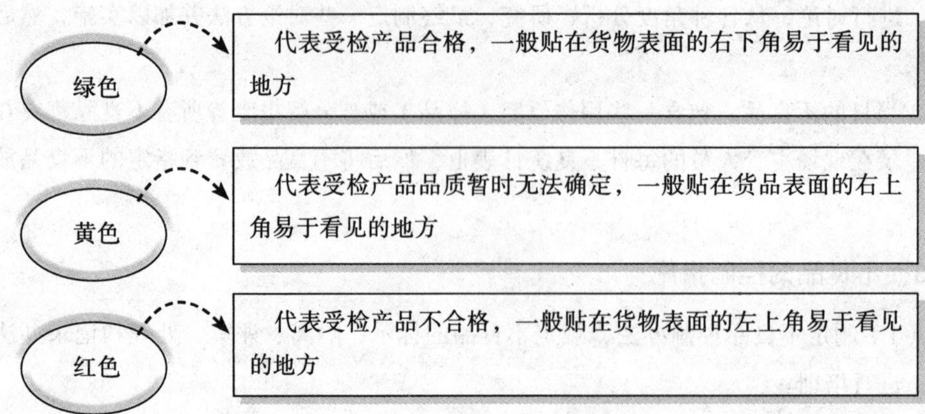

2. 对不良品进行标示

（1）来料不良品标示。品质部IQC检验时，若发现来货中存在不良品，且数量已达到或超过企业来料品质允收标准时，IQC验货人员应即时在该批（箱或件）货物的外包装上挂“待处理”标牌。报请部门主管或经理裁定处理，并按最终审批意见改挂相应的标志牌，如暂收、挑选、退货等。

（2）制程中不良品标示。在生产现场的每台机器旁，每条装配拉台、包装线或每个工位旁边一般应设置专门的“不良品箱”。

①对员工自检出的或PQC在巡检中判定的不良品，员工应主动将其放入“不良品箱”中，待该箱装满时或该工单产品生产完成时，由专门员工清点数量。

②在容器的外包装表面指定的位置贴上“箱头纸”或“标签”，经所在部门的QC员盖“不合格”字样或“REJECT”印章后搬运到现场划定的“不合格”区域整齐摆放。

（3）库存不良品标示。由检验人员定期对库存物品的品质进行评定，对于其中的不良品由仓库集中装箱或打包。QC员在货品的外包装上挂“不合格”标志牌或在箱头纸上逐一盖“REJECT”印章。对暂时无法确定是否不合格的物品，可在其外包装上挂“待处理”标牌，等待处理结果。

知识08：不良品的放置与隔离

为了确保不良品不被误用以及明确品质责任和品质事项原因的分析，必须将生产现场中检验出的不良品进行区域隔离放置。

1. 不良品区域规划

（1）在各生产现场的每台机器或拉台的每个工位旁边，均应配有专用的不良品箱或袋，以便用来收集生产中产生的不良品。

（2）在各生产现场的每台机器或拉台的每个工位旁边，要专门划出一个专用区域用来摆放不良品箱或袋，该区域即为“不良品暂放区”。

（3）各生产现场和楼层要规划出一定面积的“不良品摆放区”用来摆放从生产线上收集来的不良品。

（4）所有的“不良品摆放区”均要用有色油漆进行画线和文字注明，区域面积的大小视该单位产生不良品的数量而定。

2．不良品标志的放置

（1）对QC判定的不良品，所在部门无异议时，由货品部门安排人员将不良品集中打包或装箱。QC在每个包装物的表面盖“REJECT”印章后，由现场杂工送到“不良品摆放区”，按类型堆栈、叠码。

（2）对QC判定的不良品，所在部门有异议时，由部门管理人员与所在部门的QC组长以上级别的品管员交涉，直至品质部经理。

3．不良品的具体管理

（1）不良品区内的货物，在没有品质部的书面处理通知时，任何部门或个人不得擅自处理或运用不良品。

（2）不良品处理必须由品质部监督进行，具体处理措施如下所示。

报废	检验人员在外箱上逐一盖“报废”字样后，然后送到企业划定的“废品区”进行处理
返工	检验人员在外箱上逐一盖“返工”字样或挂“返工”标志牌，责成有关部门进行返工，具体包括返工、返修、挑选及选择性做货
条件收货	检验人员接收货通知，取消所有不合格标志，外箱若有不合格字样则用“绿色”色带进行覆盖
其他	不良品均由品质部按处理通知协助相关部门妥善处理

4．不良品的记录

现场检验人员应将当天产生的不良品数量如实记录在当天的巡检报表上，同时对当天送往“不合格区”的不良品进行分类，详细填写在不良品隔离控制统计表上，并经生产部门签认后交品质部存查。

5．不良品的隔离工作要点

（1）经初审鉴定为不良品的货品，须及时隔离，以免好坏货品混装。

（2）对产生的不良品，须即时记录并标示。

（3）加强对现场留存的不良品的控制。

（4）保证不良品在搬运过程中标志物的维护。

（5）明确不良品的处置部门和权限。

知识09：QCC活动管理

QCC（Quality Control Circle），即品质管理小组或品管圈，是为了解决工作问题，提高工作绩效，由同一个工作场所的人自动自发地合成一个小团体，然后分工合作，应用品管的简易统计手法进行分析，解决工作现场的问题，以达到改善业绩的目的。

1．QCC小组的组建要求

组建QCC小组时应坚持员工自愿参加、自愿结合、自愿组合的要求。

QCC小组活动是员工日常工作之外的一种活动，企业只有通过示范、鼓励、支持及奖励等手段来吸收员工参与，而不能用强迫手段使员工参与；否则，就失去应有的效果。

在解决企业重大问题或须跨车间、跨部门协作才能完成的主题时，可运用行政指令组建QCC小组。但吸收QCC成员时，仍然强调尊重员工意愿，坚持自愿参加的原则。

2．QCC小组的人员组成要求

（1）小组的组成。根据QCC的含义，同一工作现场、工作性质相近的基层人员自动自发地组成小组，因此可按下列形式组成一个小组：

①小组A，班组人数不多时，可全班组成一组，初期由现场主管人员任组长，经数期活动，大家有认识之后，改由组员互选，让大家均有机会当组长。

②小组B，班组人数很多时，可将他们分成数组，现场主管人员可担任其中一组的组长，其他组的组长则由组员互选，但在导入初期，每班先组一个组即可。

（2）小组人数。一般以4～8人为宜，最好不要超过10人；若超过10人，可分成两个组。

（3）组长的人选。刚开始导入时，最好由现场主管人员担任组长，但活动进行数期后，组员对小组有了认识，则可由组员互选组长，或轮流担任，让大家都有机会担任组长，学学管理、领导及主持会议的技巧。

但是不能让新进人员或对小组完全陌生的新组员当组长，因为组长是品管组的灵魂人物，与品管组活动的成败关系极大。

3. QCC小组成员的职责和任务

（1）QCC小组组长的职责和任务如下所示。

职责	说明
组织领导	组长是QCC小组的组织者和领导者，负责组织小组成员拟订活动计划，带领组员有效地开展活动
指导推进	QCC小组组长对全面品质管理知识掌握较好，又具有相当的经验，因此，组长的重要任务是指导组员学好全面品质管理的理论和方法，并将其有效运用于实践
联络协调	QCC小组活动经常涉及班组工作现场问题，有时又和其他部门有紧密的关系，为取得有关方面的支持和帮助，QCC小组组长要经常和有关部门取得联系，并进行协调
日常管理	QCC小组组长要按企业制定的QCC小组管理制度，经常组织全员开展品质活动，并做好活动记录、组织交流和整理成果及发表奖励等工作

（2）QCC小组成员的职责和任务如下所示。

职责	说明
及时参加活动	QCC小组为自愿参加的团体，一旦成为小组成员，就应坚持经常参加小组活动，积极发挥自己的聪明才智，为QCC小组活动做出贡献
按时完成任务	QCC小组的主题需要由全体成员分担，每个人应完成自己的任务，这样才能保证全组主题的进度和效果，因此，每个成员必须努力完成自己分担的任务
支持组长工作	QCC小组活动有时需要合理安排，每个成员应以全组活动为主，服从组长领导，并积极配合组长工作
配合其他组员工作	在共同开展品质活动中，组员之间须互相沟通，传递必要的信息，互相帮助，共同创造协调、融洽的工作环境

4. 开展QCC活动

（1）选定主题。QCC小组活动能否取得成功，选题恰当与否十分重要，主题要先易后难，具体明确，避免空洞模糊，要有依据。

（2）调查现状。调查分析的目的是通过一系列统计和分析手段，掌握必要的物料和数据，找出产品品质问题的原因，同时也为确定目标值打下基础。调查分析时，调查必须客观，要真实可靠；调查对象必须是主要问题。

（3）分析原因。在调查分析的基础上，对初步确定的主要原因进行验证和进一步筛选，最终确定问题的要因。对产品品质问题，可按人、机、料、法、环（4M1E）等因素进行分析，如下所示。

人员（Man）
（1）是否遵照作业标准工作
（2）工作效率是否达到了要求
（3）是否有问题意识
（4）是否负责任

机器设备（Machine）
（1）所生产出来的产品是否符合规格
（2）产能是否达到要求
（3）是否有适当的检验

物料（Material）
（1）数量是否正确
（2）品级是否符合
（3）是否掺有杂质

作业方法（Method）
（1）标准是否适当
（2）标准是否不断改进
（3）是否能确保品质

环境（Environment）
（1）是否安全
（2）温度与湿度是否适当
（3）照明与通风的情况是否良好

（4）制定改善对策。确认要因后，要针对要因采取相应措施，并制定改善对策。对策的内容包括需改善的项目、问题和现状、设定的目标值、对策措施、对策措施负责人、预定完成时间等。

（5）实施改善对策。对策措施的责任人应负起指导的责任，并控制实施过程。对策措施的实施应取得相关人员的同意，并对相关人员进行教育培训。

（6）检查实施效果。检查目的是确认实施的效果，其方法是通过活动前后的对比来检查活动的效果。

（7）制定巩固措施。实施效果良好时，应继续保持下去，并将实施方法标准化，写成标准操作程序，并经有关主管确认。作业方法标准化后，必须对全体人员进行认真的培训，使其能真正了解并遵守。

（8）活动成果的发表。QCC成果发表可以提高员工总结能力和讲演能力，促进经验交流，达到共同提高的目的。发表方式如下所示。

实物对比发表式	用改进前后的实物产品、设备或工艺等进行对比，介绍改进的理由、过程和效果
活动阶段重点发表式	由小组着重介绍他们的做法和体会最深的内容。这样每个成果都具有特色，发表时间短，内容又突出。这是听众较喜欢的发表方式
集体发表式	由小组全体或部分成员分别介绍个人在活动中的做法和体会，或一个人讲一个阶段的情况，全部衔接起来就是完整的成果

第二节　现场品质管理实景解读

学习目标：

1. 了解品质方针、目标的常见样式。
2. 学会自行制作品质管理知识看板。
3. 了解品质检验相关文件、记录的常见样式，学会自行制作。

实景01：品质方针与目标看板展示

品质方针与品质目标为企业品质管理工作提供了重要的指导。

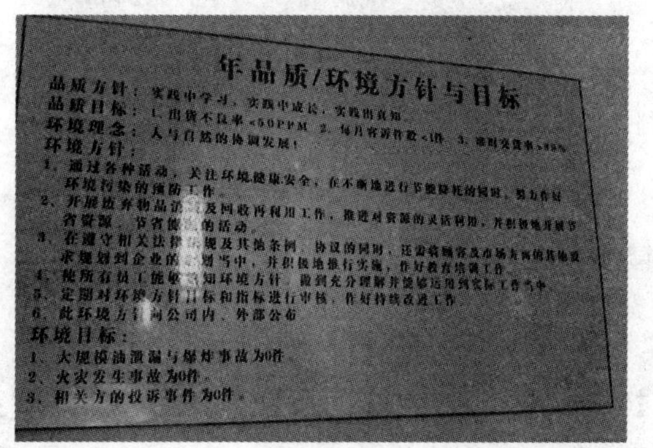

本图将品质方针与品质目标放在一起进行公布，强调两者之间的紧密联系。

实景02：品质部标示

品质部是负责品质工作的主要部门，是保证生产现场正常生产不可或缺的一个重要部门。

本图对品质部的办公场所进行了标示。

实景03：制程检验指导文件展示

制程检验是一项复杂的检验工作，需要专业的检验指导文件来指导工作。

本图列举的是一种抽样检验作业文件，属于一种计量值检验形式。

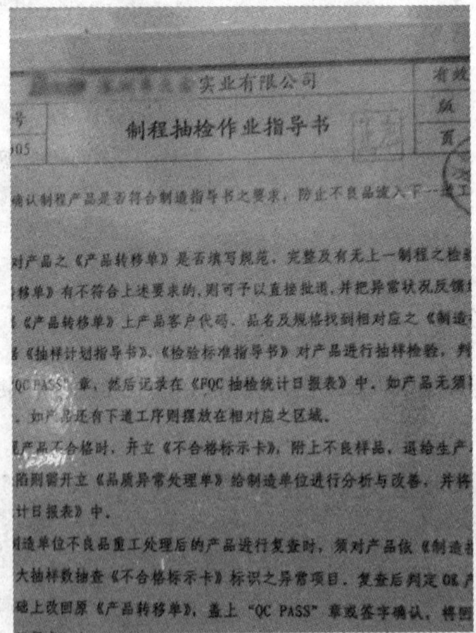

实业有限公司

制程抽检作业指导书

确认制程产品是否符合制造指导书之要求，防止不良品流入下一

对产品之《产品转移单》是否填写规范、完整及有无上一制程之检

移单》有不符合上述要求的，则可予以直接批退，并把异常状况反馈

《产品转移单》上产品客户代码、品名及规格找到相对应之《制造

《抽样计划指导书》、《检验标准指导书》对产品进行抽样检验，

QC PASS"章，然后记录在《FQC抽检统计日报表》中。如产品无须

。如产品还有下道工序则摆放在相对应之区域。

产品不合格时，开立《不合格标示卡》，附上不良样品，退给生产

陷则需开立《品质异常处理单》给制造单位进行分析与改善，并将

计日报表》中。

制造单位不良品重工处理后的产品进行复查时，须对产品依《制造

大抽样数抽查《不合格标示卡》标识之异常项目。复查后判定OK

础上改回原《产品转移单》，盖上"QC PASS"章或签字确认，将

实景04：制程检验记录

制程检验是确保产品品质的重要过程，必须有记录。

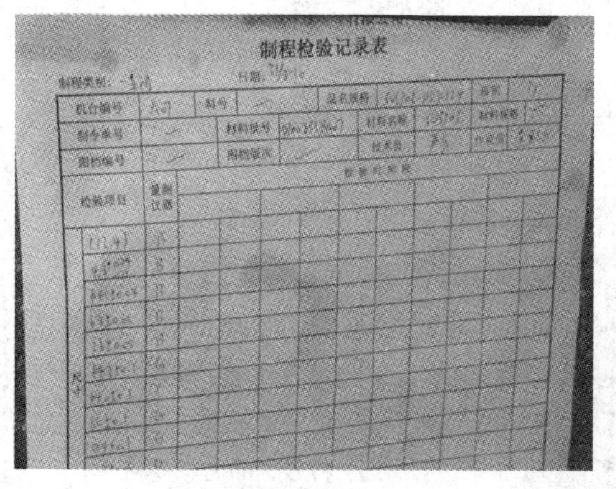

本图所示的制程检验记录表列举了检验工作必须记录的一些主要项目，如料号、品名、规格等。

实景05：检验人员身份标示

身份标示是现场管理的重要组成部分。

本图列举了一位制程检验人员的身份标示，还记录了其工号。

实景06：不良品标示

现场检验人员要对检验发现的不良品做好标示。

本图列举了一张不良品标签，是对该产品的判定。

实景07：不良品放置区域标示

现场检验人员应当为检验发现的不合格品设置专门的放置区域。

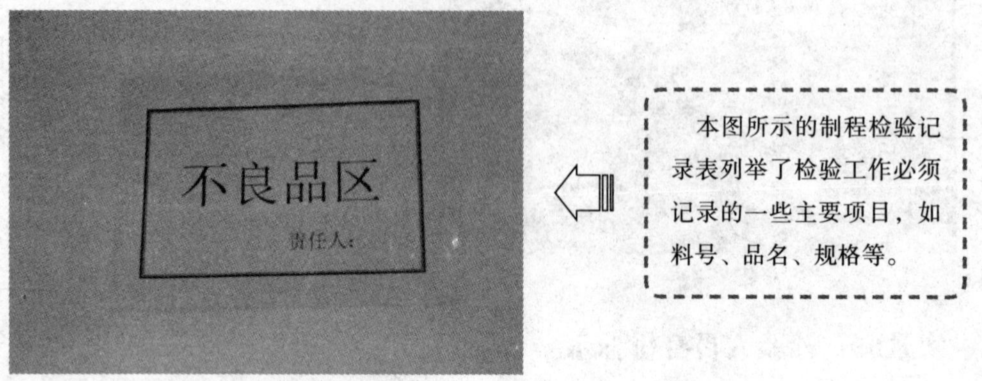

本图所示的制程检验记录表列举了检验工作必须记录的一些主要项目，如料号、品名、规格等。

实景08：QCC活动鱼骨图展示

鱼骨图是一种用来查找品质问题的常用方法，例如，现场开展QCC活动时，为了找出设备管理方面的问题，可以将其各个要点列出，逐一查找问题所在，以作为QCC活动主题开展改善活动。

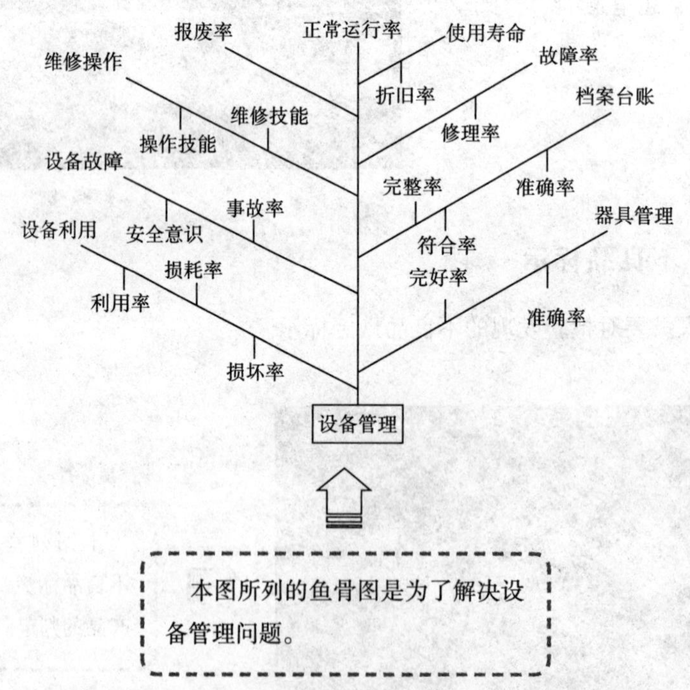

本图所列的鱼骨图是为了解决设备管理问题。

实景09：QCC活动成果发表

QCC活动成果发布有很多种方法，如实物对比发表式、集体发表式等。

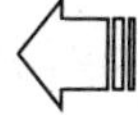

本图所列的方式为集体发表式，即公开发表QCC活动成果。

第三节　现场品质管理实战范例

学习目标：

1. 了解品质方针、目标的常见的表述方式，掌握其要点，以学会自行制作。
2. 学会制定品质管理制度。

范例01：××公司品质方针

××公司是一家集开发、生产、贸易为一体的综合性公司，主要经营新型建材、建材设备、铁路电器、国际贸易及投资咨询等业务。

××公司致力于新物料，新技术，光、机、电一体化产品的开发和应用。公司以铁路运输装备为主导市场，以安全、可靠为前提，以长寿命、节能、智能化产品为目标，先后研发了冷光源系列灯具及其他显示器、电器件产品，同时也为城市市政、车站、部队、宾馆等行业提供部分安防及灯饰产品，其中多项产品已获得外观和实用新型专利，部分产品已进入国际市场，尤其是新近开发的冷光源免维护系列灯具已广泛应用于新造车辆上，改善了车厢的环境，受到乘客和主管部门的好评。

已开发应用的新型冷光源系列产品：地灯、筒灯、射灯、地脚灯、床头灯、床头阅读灯、信号灯及太阳能草坪灯等绿色照明环保节能灯具。已开发应用的小型电器件系列产品：电器柜锁、厕所显示器、光电开关、智能化照明控制系统、车载液晶显示器及其配套的信息网络产品（VOD系统）等。

公司坚持以服务为宗旨，客户为上帝，追求合理化（人尽其才，物尽所用，科学管理），满足社会需要。公司严格按照ISO 9001：2008品质管理体系的要求运行，使销售、研发、生产处于可控状态，以确保产品及服务品质。

为了实现品质方针，应采取如下措施：

1. 将本品质方针发到全体员工手上，组织员工学习、讨论，务必使全体员工，特别是负有领导职责的管理人员充分理解。

2. 根据本品质方针制定品质目标，并将品质目标层层分解，实施品质目标管理。

3. 本公司的文件、过程、程序、产品等凡与本品质方针不相符的，一律按本质方针规定的原则进行修订或处理，任何人，包括董事长、总经理都不得违背本品质方针规定的原则。

范例02：××公司品质目标

一、总体目标

（1）产品入库检验合格率≥99.5%。

（2）零件加工不良率≤10 000 PPM。

（3）产品批量不合格为0。

（4）顾客退货率≤280 PPM。

（5）顾客满意度≥90分。

（6）今年8月份以前建立并开始运行ISO/TS 16949品质管理体系。

（7）再创××公司的优秀供应商。

（8）完成公司行政管理体系的建立。

二、运行性能目标

（1）生产效率≥92%。

（2）设备完好率≥95%。

（3）设备能力利用率≥70%。

（4）年销售收入力争达到5 000万元，确保4 500万元。

（5）生产计划达成率：月计划达成率100%，日计划达成率≥95%。

（6）销售计划完成率≥90%。

（7）品质成本率≤0.35%。

（8）人员安全事故次数/年：重大事故0次，医疗费用在500元以上的轻伤事故≤5次。

（9）设备安全事故次数/年：

①损失在2 000元内的事故≤2次。

②损失在2 000元以上的事故0次。

（10）年人均产值≥18万元。

（11）采购计划完成率100%。

（12）新产品开发试制完成率100%。

范例03：××公司品质培训计划

一、培训目的

为提高产品生产合格率，规范员工操作，巩固每道工序自检标准，提高员工品质意识，完善公司的品质管理体系，特展开品质培训。

二、培训内容

培训内容包括各工序常见错误操作、物料领用检验标准、半成品检验标准、产品验收合格标准、包装出货标准及违规相关处罚措施。

三、培训对象

培训对象为车间员工、检验人员、办公室人员等。

四、培训讲师

培训讲师为品质部负责人。

五、培训时间（周期）

每月1～2次，若有重大品质异常事故，需要紧急召开品质异常会议，分析讨论问题原因和解决方案。

六、培训地点

就地（车间、大厅）或另行安排。

七、培训方案

（1）物料领用时，必须进行检验，以免作业过程产生不良品。（各物料检验标准）

（2）流水作业过程中，操作完成后需进行自检，自检合格后在下放到其他工序。接收半成品时也要进行检验，合格后再进行作业。（过程检验标准）

（3）分析近来生产过程中出现的不良品原因，总结出相关解决方案并告知大家。

（4）针对报废品的相关记录情况，讲解降低报废量的办法，尽量减少报废。

（5）成品、合格品验收标准。

（6）不良品下放市场后对客户造成的不良影响。

（7）总结：公司品质管理程序。

范例04：××公司车间品质管理制度

一、编制目的

为提高产品品质，加强工作责任心，减少品质损失，实现有效劳动和长效管理。保证公司产品品质出厂合格率，在生产过程中减少或消除品质问题，明确岗位员工的职责，特制定本制度。

二、适用范围

适用于生产车间。

三、具体内容

1. 权责划分

（1）插件生产线负责产品的生产制造过程、整形工作、提出合理化建议。

（2）焊接生产线负责产品的生产制造过程及生产制造过程中的品质控制、提出合理化建议。

（3）测试生产线负责产品的测试过程及过程中的品质控制，提出合理化建议。

（4）包装生产线负责产品的包装过程、出货过程及过程中的品质控制，提出合理化建议。

（5）品质检验小组负责生产车间的品质检验工作（生产焊接符合性检验、焊接品质检验、包装符合性及过程检验），并对各部门提出的合理化建议给予评审。

（6）品质部现场品质人员负责对来料进行检验，处理生产过程中发现的生产或来料品质问题，及整个生产过程各环节各部门的品质监督检查，提出合理化建议，确认品质改善效果。

2. 品质事故处理

下列行为、现象均属于品质事故：

（1）违反工艺和操作规程、造成成品不良或重大后果的。

（2）违反标准、合同规定，编制工艺造成严重后果的。

（3）因错检、漏检，致使不合格原材料进厂或不合格产品出厂，造成经济损失的。

（4）生产工序间没有按规定进行三检（专检、互检、自检）而出现品质问题，造成损失的。

（5）因物料、产品保管不善，造成报废、降级、返工、退货的。

（6）因错发产品、材料，对销售、生产产生影响的。

（7）因个人疏忽致使产品不良的。

（8）因核算失误，下错生产通知单，而造成物资、产品积压的。

（9）不具备上岗条件擅自开动生产设备的。

（10）生产现场物品未按规定摆放，造成标识混乱、不全，致使错用的。

（11）纠正措施没有按期整改的。

（12）一次交验合格率没有达到规定要求的。

（13）工作纪律散漫、违反车间制度的。

（14）5S工作不到位。

（15）未按静电作业标准作业。

造成品质事故的责任者及管理者，将根据造成事故的归类给予不同程度的处罚，办法如下：违反上款（4、5、7、9、10、12、13、14、15项）的处警告一次处罚10元，违反上款（1、3、5、6、7、10、11、13、15项）的处记小过一次处罚30元，违反上款（1、2、3、7、8、13项）的处罚50元，造成公司产品严重品质问题按实际金额给以赔偿并处留职察看直至辞退。

3. 品质奖励

下列行为均属于品质奖励范畴：

（1）发现并制止他人违反工艺和操作规程的行为，避免品质事故的发生者。

（2）发现工艺编写错误，避免产生严重后果者。

（3）发现专检失误，避免或减少品质损失者。

（4）积极推进品质改进，使产品品质、工作效率、设备有效利用率提高，材料消耗下降，工作环境改善者。

（5）积极向公司提合理化建议，经过采纳，在产品品质提高和材料消耗降低方面有成效的。

（6）在对外交往中，维护本公司利益、形象，使公司损失减少、利益增加、形象提高的。

（7）因工作成绩突出，受到有关部门品质方面奖励、表扬的。

（8）在技术改造和新产品开发方面做出贡献的。

（9）积极做好本岗位工作、工作成绩突出、产品品质优良、未出现品质事故者。

奖励：嘉奖10元，小功一次30元，大功一次50元，对公司有重大贡献按情况进行奖励。

奖励详细内容:

（1）焊接人员、作业员在一个月内没有品质问题，在月底时即奖励50元。

（2）检验人员（含来料检验人员、焊接检验人员、巡检员、出货检验人员等）在一个月内没有因检查不到位而出现品质问题即奖励50元。

（3）测试人员在一个月内没有出现品质问题即奖励50元。

（4）维修人员在一个月内没有出现品质问题即奖励50元。

（5）包装和出货人员在一个月内没有出现品质问题即奖励50元。

（6）如在生产过程中发现批量品质问题,对直接发现反馈人员将给予一定的奖金，依所发现问题的程度给予奖励额度从20～200元不等的奖励。

（7）对员工在品质控制方面有合理化建议并被采纳,实施后产生经济效益的,批准后给予20～200元不等奖励。

4. 考核结算

各单位每月品质考核记录经生产部门复审，公司领导批准后，在每月初提交财务部门，由财务部门在当月工资里结算。

5. 考核方法和考核纠纷终裁

（1）考核中如出现纠纷责任人应先接受考核后申诉，有争议由品质员或组长上报公司，组织品质责任终裁。

（2）终裁后不论责任人是否同意都应按终裁执行,如裁定时判定责任人有无理取闹或不服从管理或影响生产的情况,将根据情节对责任人按待岗处理或辞退处理。

（3）员工绩效考核组长考核，组长根据质检专员提供报告、与组长对员工本月的工作表现进行考核，组长及相关技术职能岗位由经理考核，经理根据质检专员提供报告、与经理对组长和相关技术职能岗位人员本月的工作表现进行考核，绩效考核表每个月底填写。

6. 相关表格

（略）

附则：

公司主要产品一次交验合格率的规定如下：

（1）数据线类≥98%。

（2）插件电源盒PCBA板≥95%。

（3）补焊≥98%。

（4）成品组装≥95%。

（5）控制盒PCBA板≥95%。

（6）成品测试=100%。

（7）成品包装≥95%。

范例05：××公司产品品质奖惩制度

一、目的

为完善本公司品质管理制度，加强对产品品质的监督管理，提升产品品质，特制定本制度。

二、适用范围

适用于公司所有部门工作（生产）场所的所有人员。

三、内容

1. 作业员的奖励

（1）能及时发现本工序产品品质隐患，避免批量不良品发生者，每举报一次，给予奖励××元/次。

（2）发现工艺/技术文件等编写错误，避免产生严重后果者，每举报一次，视其影响程度，给予奖励××～××元/次。

（3）发现检验人员将不良品误判为合格品，避免或减少品质损失者，每举报一次，视其影响程度，给予奖励××～××元/次。

（4）互检时及时发现上工序产品存有严重品质问题，避免不良品流入下工序者，每举报一次，给予奖励××元/次。

（5）对本工序存在的品质问题或隐患，能积极提出改善建议被采纳者，视其改善效益，给予奖励××～××元/次。

（6）月度品质统计中，员工在本职工作上未造成品质事故的，且配合品质工作者；由所属部门的主管及检验人员共同评选出1～3名人员，并推举为“品质标兵”经审查确定后；给予奖励30元/人（原始数据来源于巡检员记录的首件及FQC检验报表，品质部负责月度统计）。

2. 品质检验人员的奖励

（1）IQC/OQC：月度品质统计，当月检验误判次数为0次时（零星不良不计其内，失误次数以不良比率超过其AQL允收水准值为准），给予奖励××元/人（原始数据来源于首件及FQC检验报表、不良品评审单及客户投诉/退货一览表，品质部负责月度统计）。

（2）IPQC：月度品质统计，当月度检验误判次数为0次时（零星不良不计其内，误判次数以不良率超出5%为准），给予奖励××元/人（原始数据来源于首件及FQC检验报表、不良品评审单及客户投诉记录，品质部负责月度统计）。

（3）对本岗位工作存在的品质问题或隐患，能积极提出改善建议被采纳者，视其改善效益，给予奖励××～××元/次。

3. 作业员的处罚

（1）未送首件产品确认，造成批量不合格者，给予处罚××元/次，并承担相应的返工或赔偿责任。

（2）未落实自检，造成批量不合格者（不良率超10%时），给予处罚××元/次，并承担相应的返工或赔偿责任。

（3）未落实互检，造成批量不合格流入下工序或客户者（与本工序有相关性的），给予处罚××元/次，并承担相应的返工或赔偿责任。

（4）未落实自检/互检，造成个别产品存有严重缺陷而流入下工序，情节严重者，给予处罚××～××元/次。

4. 专职品质检验人员的处罚

IQC/IPQC/OQC：未按有关标程序及标准作业，造成首检错误、批量不合格、后工序或客户代表反馈不合格，不良比率超过5%者；视其造成损失程度，给予处罚××～××元/次。

5. 不良品返工的责任分配比例

（1）本工序/岗位产生的批量性不合格

①操作员未送首件产品确认产生批量性不合格时，1小时内产生之不合格，由操作员100%承担相应的返工责任；1小时之后产生之不合格，责任分配比例为：操作员30%、班长20%、品质检验人员50%。

②品管首件确认错误产生的批量性不合格时，其责任分配比例为：操作员20%、班长20%、品质检验人员60%。

③首件确认合格，但操作员未落实自检产生的批量性不合格时，其责任分配比例为：操作员50%、班长40%、品质检验人员10%。

④各职能人员因人为失误而造成产品批量性不合格，由当事人100%承担相应的责任，其部门自行协调处理。

（2）流入次工序/工程发现的不合格

①操作员未落实自检/互检，造成批量不合格流入次工序时（指流出两个或两个以上工序的不合格），其责任分配比例为：直接操作员40%、品质检验人员20%、间接操作员20%、班长20%。

②操作员未落实自检/互检，造成个别产品存有严重缺陷而流入次工序，其责任分配比例为：直接操作员70%、间接操作员30%。

③品管人员因批量误判，造成不合格流入次工序时（指流出本部门的不合格），若为来料不合格，则由责任品质检验人员及供应商共同承担；若为制程不合格或客户退货不合格，其责任分配比例品质部80%、生产部门20%，具体细分方式由各部门自行协调。

6. 奖罚程序

（1）属日常作业中突发而产生的品质奖罚信息，由其部门/部门于事发后24小时内填写品质奖罚处理单，并及时知会品质部进行调查、核实，之后再逐级呈送至生产副总经理批准，最后转财务部实施奖罚。

（2）属月度品质统计后而产生的品质奖罚信息，由品质部负责按月收集、统计，并将有关品质原始数据汇总后以书面形式通知各部门，再由其部门根据实际情况填写“品质奖罚处理单”，逐级呈送至生产副总处批准，最后转财务部实施奖罚。

（3）有关部门人员所产生的奖罚金额，均于当事人当月薪资中体现，并在公告栏上加以公布。

范例06：××公司钢构车间产品品质考核规定

一、编制目的

为了有利于产品品质迅速升级，努力生产更多的优质产品，特制定产品品质奖惩规定。

二、适用范围

本制度适用于钢构车间产品品质考核工作。

三、具体内容

1. 要求

（1）钢结构产品在生产车间制作过程中，划分为优良品、合格品、不良品三个等级。

（2）各班组在单项项目加工过程中，经检查（质检部）评定为合格品不奖不惩。

（3）优良品奖单项项目加工费总价的6%，评定为不良品惩单项项目加工费用总价的3%（罚款单不包括在内）。

（4）合格品评定标准：钢结构检验规范分类中验收为合格品（二次拼装组，罚款单、返工通知单为两张，其他班组为一张）。

（5）优良品评定标准：钢结构检验规范分类中验收为优等品（无罚款单、返工通知单）。

（6）不良品评定标准：钢结构检验规范分类中验收为不良品。

2. 生产部车间主任的品质管理责任

（1）深入进行“品质第一”的素质教育，认真执行以“预防为主”的方针，组织好自检、互检，支持专职检验人员的工作，把好品质关。

（2）严格贯彻执行工艺和技术操作规程，进行有组织、有秩序的文明生产，保持环境卫生，提高产品品质。

（3）掌握本单位的品质情况，表扬重视产品品质的好人好事，对不重视产品品质的员工进行批评教育。

（4）组织车间员工参加技术学习，针对主要的品质问题提出主题，发动员工开展技术革新与合理化建议活动，对产品品质存在问题和品质事故要分析原因，积极向有关部门提出，共同研究解决。

（5）不合格产品出厂，s车间主任要负连带责任。

3. 生产现场主管人员的品质管理责任

坚持“品质第一”的方针，对本车间班组人员进行品质管理意识教育，认真贯彻执行品质制度和各项技术规定。

（1）尊重专拣人员的工作，并组织好自检、互检活动，严禁弄虚作假，开好车间班组级品质分析会，充分发挥班组品质管理的作用。

（2）严格执行工艺和技术操作规程，建立员工的品质负责制，重点做好影响产品品质关键岗位的工作。

（3）组织有序的文明生产，保证品质指标的完成。

（4）组织本班组参加技术学习，针对影响品质关键因素，开展创新和合理化建议活动，积极推广新工艺、新技术交流和技术习作，帮助员工练好基本功，提高技术水平和品质管理水平。

（5）组织班组员工对品质事故进行分析，找出原因，提出改进办法。

4. 员工的品质责任

（1）牢固树立“品质第一”的管理思想，精益求精，实现高效率、低成本，高品质，高效益。

（2）积极参加技术学习，做到四懂：懂产品品质要求、懂工艺技术、懂设备性能、懂检验方法。

（3）严格遵守操作规程，对本车间的设备、仪器、工装夹具，做到合理使用、精心使用、精心维护，经常保持良好的状态。

（4）认真做好自检与互检，勤检查，及时发现问题，及时通知下一道工序，做到人人把好品质关。对产品品质要认真负责，确保与工艺、工序传递卡一致，严禁弄虚作假。

本章回顾

学习心得：

1. ____________________

2. ____________________

3. ____________________

4. ____________________

5. ____________________

序号	员工难处	解决方法